여성목회와 권위

이 책은 강원도 강릉시 초당동에 있는 강릉옥토교회
(담임 이상기 목사님)의 출판선교비로 간행되었습니다.

레티 럿셀의 저술들

Church in the Round: Feminist Interpretation of the Church

The City: God's Gift to the Church

Changing Contexts of Our Faith

Imitators of God: A Study Book on Ephesians

Household of Freedom: Authority in Feminist Theology

Becoming Human (Library of Living Faith)

Growth in Partnership

The Future of Partnership

Human Liberation in a Feminist Perspective - A Theology

Christian Education in Mission

The Changing Role of Women in the Church

Inheriting Our Mothers Gardens: Feminist Theology in Third World Perspective

Hagar, Sarah, and Their Children: Jewish, Christian, and Muslim Perspectives (with Phyllis Trible)

The Church with AIDS: Renewal in the Midst of Crisis (with Randall C. Bailey and Anne P. Scheibner)

Feminist Interpretation of the Bible

The Liberating Word:

A Guide to Nonsexist Interpretation of the Bible

Dictionary of Feminist Theologies (with J. Shannon Clarkson)

Liberating Eschatology: Essays in Honor of Letty M. Russell

여성목회와 권위

페미니스트 신학의 관점에서 논하는 권위의 문제

1986년 애니 킨캐드 워필드 강의

레티 M. 럿셀 지음

김정숙 옮김

한국기독교연구소

여성목회와 권위

지은이/ 레티 럿셀
옮긴이/ 김정숙
펴낸이/ 김준우
1쇄 펴낸날/ 2007년 3월 20일
2쇄 펴낸날/ 2020년 9월 10일
펴낸곳/ 한국기독교연구소
등록번호/ 제8-195호(1996년 9월 3일)
경기도 고양시 일산동구 고봉로 32-9, 331호 (10364)
전화 031-929-5731, 5732(Fax)
E-mail: honestjesus@hanmail.net
Homepage: http://www.historicaljesus.co.kr.
표지 디자인/ 정희수
인쇄처/ 조명문화사 (전화 498-3018)

Household of Freedom: Authority in Feminist Theology
Copyright ⓒ 1991 by Letty Russell
All rights reserved. Korean Translation copyright ⓒ 2003 by Korean Institute of the Christian Studies. Korean translation right arranged with Westminster John Knox Press through Eric Yang Agency, Seoul. Printed in Seoul, Korea.

이 책의 한국어 판 저작권은 에릭양 에이전시를 통한
Westminster John Knox Press 사와의 독점계약으로
한국기독교연구소가 소유합니다.
저작권법에 따라 한국 내에서 보호받는 저작물이므로
무단전재와 무단복제를 금합니다.

ISBN 978-89-87427-72-0 93230

값 8,000원

차 례

서문과 감사의 말 · 7

1장. 미래의 권위 · 13
    미래에의 호소 · 16
    권위에 대한 관점들 · 20
    자유의 집 · 28

2장. 권위의 유형들 · 35
    경험이 갖는 권위 · 36
    변화하는 패러다임 · 42
    집에 대한 은유 · 47

3장. 명명(命名)의 힘 · 57
    말과 힘 · 60
    말씀의 권위 · 66
    강력한 하나님 이야기 · 72

4. 권위의 새 집 · 85
    주인의 집에서 살아가기 · 87
    집의 혁명 자들 · 93
    우리 집이라 부르는 곳 · 100

5장. 가정, 힘, 그리고 영광 · 111
　　사람들과 권력들 · 113
　　권력에 대항하며 · 120
　　하나님의 가정 · 128

6장. 훌륭한 살림살이 · 135
　　온정주의와 자율성 · 138
　　집의 조성 · 143
　　최하위 계층으로부터 오는 권위 · 150

역자후기 · 157
참고문헌 · 159

서문과 감사의 말

1986년 프린스턴 신학대학원에서 열렸던 애니 킨캐드 워필드(Annie Kinkead Warfield) 강연에서 여섯 장(章)으로 이루어진 이 책 내용을 연설할 수 있었다는 사실은 매우 영광스러운 일이었다. 벤저민 워필드(Benjamin Warfield)의 아내의 이름을 강연의 제목으로 삼은 것은 다행이었는데, 그 이유는 벤저민은 "페미니스트 신학에서의 권위"(Authority in Feminist theology)라는 논의에는 그다지 흥미가 없었을 거라 확신했기 때문이었다. 『장로교 역사 저널』 최근호에 따르면, 이 프린스턴 학파의 창시자는 "소위 자유주의 신학에 대해 전국에서 가장 학문적이면서도 가장 굽히지 않는 적수였다."1) 그의 열렬한 성경 축자영감설의 옹호가 결국 "프린스턴 신학"이라고 알려진 것을 만들어냈다.

어쨌든 개혁주의 신학 전통(Reformed theological tradition)에서 권위(authority)라는 주제는 매우 중요하기 때문에, 워필드의 요구사항을 충족시킬 수는 있었다. 개혁주의자들에게 권위에 대한 교리는 상당히 중요한 비중을 차지한다. 마가렛 마일즈에 따르면, 개혁주의자들이 교회 안의 위계구조를 나타내는 시각적 이미지를 제거하고 영적인 평등을 설교하였기 때문에, 권위의 문제는 그들이 당면한 가장 큰 문제가 되었다는 것이다.2) 일부 "살인과 도둑질을 일삼는 소작농들"과 거침없이 말하

---

1) W. Eugene March, "Biblical Theology: Authority and the Presbyterians," *Journal of Presbyterian History* 59(2): 114(Summer 1981).
2) Margaret R. Miles, *Image as Insight*, 113. 칼빈의 여성 설교자에 대한 태도가

는 여인들을 감당할 수 없게 되었다는 것은 그리 놀랄만한 일이 아니다.

권위는 오늘날 우리에게도 역시 중요한 신학적 과제이다. 또한 우리는 많은 사람들이 생활 속에서 구조적 평등의 가능성을 주장하기 시작하는, 커다란 소용돌이와 격변의 시대에 살고 있다. 이런 후기 산업자본주의 시대에, 세계는 급격한 사회적 위기를 겪고 있으며 우리는 이런 세계적 상황을 역사와 다원주의 그리고 변화라는 관점에서 설명하고자 한다.3) 이런 변화를 겪으면서, 서양 백인 남성의 문화는 자신들의 문화의 원천인 헤브라이즘 문화와 헬레니즘 문화로부터 점점 멀어져가고 있다. 권위라는 용어조차도 그 낱말이 유래된 라틴어의 본래적 의미인 건국의 조상들, 즉 로마 사회를 세운 원천으로 돌아간다는 뜻을 더 이상 갖지 않는다. 한나 아렌트의 견해에 의하면, 우리는 더 이상 권위를 갖고 있지 않는데, 이는 우리가 더 이상 삶의 원천들과 관계를 맺고 있지 않기 때문이라고 한다.4) 그리스도인인 우리는 성서적 믿음이 여전히 우리의 삶에 의미를 부여하고 있는 이유를 설명하면서, 종종 살아있는 하나님의 말씀을 딱딱하고 고정된 교리로 환원시킴으로써 그 말씀을 보존하고자 하는 우리 자신을 발견한다.

『말씀과 신앙』에서, 에벨링은 역사성의 도전에 대해 고전적인 설명을 전해 준다. "현대인들에게 모든 실재는 역사로 변한다. 감당해야 하는 그 문제가 어떤 것이든, 모든 문제가 역사적 문제로 변한다."5) 에벨

어떠했는지를 알려면 Jane Dempsey Douglas, *Women, Freedom, and Calvin* (Westminster Press, 1985), 93-94을 볼 것.

3) Joe Holland and Peter Henriot, *Social Analysis: Linking Faith and Justice*, rev. and enl. ed.(Orbis Books, 1984).

4) Hannah Arendt, *Between Past and Future*, 91-93.(우리말 번역: 『과거와 미래 사이』, 이유경 옮김, 푸른숲)

5) Gerhard Ebeling, *Word and Faith* (Fortress Press, 1963), 363-364. 여기서는 시종일관 더욱 더 포괄적 언어 사용을 위하여 인용구에 있는 단어가 변형되었다

링은 이 문제를 디오니소스가 프리기안의 전설적인 왕 마이다스(Midas)에게 부여한 능력으로 그가 손대는 것은 무엇이나 금으로 바꾸어지는 현상에 비유한다. 권위의 문제, 특별히 페미니스트 신학에서의 권위의 문제는 마찬가지로 같은 맥락에서 이해할 수 있다. 왜냐하면, 페미니스트 신학자들이 관계하는 그 무엇이나, 권위의 문제로 바뀌기 때문이다. 나는 보통 이것을 "페미니스트 접촉"(feminist touch)이라고 부른다. 여기서 페미니스트 접촉이란 손을 댄다는 뜻이 아니라, 권위란 항상 남성에게 속한다고 믿는 사회와 교회 속에서 자신의 언어와 행동 그리고 자신들의 존재가 권위의 문제에 대하여 늘 의문을 제기하는 여성들의 일상의 경험을 말한다.

예를 들어, 나는 여성들도 목회자가 되기 위해 공부할 수 있다고 처음 허락한 해인 1954년에 하버드 신학대학원에 입학했다. 졸업할 무렵, 교수회의는 학급에 있던 단 두 명의 여학생에게 최우등상 주는 것을 꺼려했는데, 그 이유는 남학생들이 여학생보다 못했다는 사실을 반영하는 것에 대한 우려 때문이었다. 1962년 나는 스위스에서 열렸던 세계교회협의회 모임에 참석했었다. 그 모임에서 한 러시아 감독은 나에게 뉴욕 동부 할렘에 거주하는 거만한 여성목회자들을 자신이 어떻게 생각하고 있는지에 대해 전혀 꺼리지 않고 통역자를 통해 말했다. 그는 물 위를 걸을 수 있는 능력을 몹시 뽐내다 결국 물에 빠진 한 수도사에 대한 비유를 들어 말해 주었다. 또한 1974년에 프린스턴 신학교에서 여름학기 동안 한 목회자를 가르친 적이 있는데, 그는 단지 내가 여자라는 이유로, 소명의 의미에 대해 내가 말하는 모든 것이 매우 과격하고 이단적이라고 믿었다. 마침내 나는 내가 하고 있는 강의가 칼빈이나 바르트와 같은 권위적 인물들의 가르침과 같은 선상에 있다고 이야기했을 때, 그

는 것을 꺽쇠로 사용하여 표시하고 있다.

는 내가 새로운 것을 전혀 모르기 때문에 내 강의를 들을 필요가 없다고 결정하고 떠나버렸다.

이런 사소한 일들은 세계 도처에 살고 있는 여성들이 겪고 있는 수많은 사건들과 비슷하다. 일선에서 목회를 담당하고 있는 다른 많은 여성들과 마찬가지로, 나의 존재도 기존의 권위에 대한 도전으로 여겨졌었다. 권위가 남성적인 속성으로 보인다면, 학문의 세계든 교계든 권위적이라고 여겨지는 일들의 역할을 여성들이 감당할 때면 이를 위협으로 간주하는 경향이 있다. 이런 어려움 속에서, 내가 권위의 문제를 중대한 페미니스트 주제로 삼는 것은 전혀 놀라운 일이 아니다. 개혁주의자들과 더불어 변화하는 세계의 삶 속에 기독교의 신앙을 의미 있게 하는 일에 동참하는 일은 보람이 있는 일이다.

또한 나는 우리의 삶과 신앙 공동체 안에서 권위의 모습이 어떻게 묘사되는지를 살펴보는 것이 매우 유익하다는 사실을 우리 모두가 깨닫기를 기대한다. 앞으로 이어지는 장에서, 나는 종말론적인 관점에서 권위의 문제를 분석하고, 권위가 자유의 집(household of freedom)에서 어떻게 기능하는지를 생각하기 위한 몇 가지 대안을 제시하면서 페미니스트 신학에서의 권위에 대해서 논의할 것이다.

제1장은 "미래의 권위"라는 주제를 소개하면서, 하나님께서 약속하신 자유의 집이라고 하는 미래에 호소해야 하는 중요성을 기독교인들과 페미니스트들을 위해 살핀 후에 권위와 힘에 대하여 논할 것이다.

제2장, "권위의 패러다임"에서는 지배(domination)의 패러다임에서 파트너십(partnership)의 패러다임으로 변할 수 있는 가능성을 연구한다. 이와 같은 변화는 지구의 생존을 염려하는 모든 신학자들의 글에서 뿐 아니라 페미니스트와 해방신학자들의 연구에서도 나타난다.

제3장, "명명의 힘"(Power of Naming)은 하나님의 말씀(God's Word)의

권위와, 하나님에 관한 이야기(God-talk)의 힘에 대해 분석한다. 한 예로, 하나님을 모든 피조물을 돌보고 관리하는 분(housekeeper)으로 생각할 수 있는지의 가능성에 대해서 탐구한다.

제4장 "권위의 새 집"은 어떻게 옛 집이 성서와 교회 전통을 통해 세워졌는지를 물으면서, 사회에서 가장 소외당한 주변인의 관점으로부터 권위를 해석해야 할 것을 제안한다. 아마도 새로운 관점은 "주인의 집"(master's house)으로부터 나와서 우리 집(our home)이라 불릴 수 있는 곳을 향하도록 우리를 안내할 것이다.

제5장의 "가정, 힘 그리고 영광"은 가정의 관리(housekeeping)라는 주제를 이어나간다. 약함이라는 의미로 이해되어온 그리스도의 힘을 분석함으로써 메시아적 정치를 이해하고, 하나님의 집(household of God)이라는 미래의 비전을 통해 사람들이 현 시대의 원리와 힘에 대항하도록 격려한다.

제6장 "훌륭한 살림살이"(Good Housekeeping)는 교회를 개선하는 문제를 살핀다. 이 마지막 장은 온정주의(paternalism)와 자율(autonomy)의 문제, 그리고 자유의 집에서 협력할 수 있는 전략 등에 대한 토론을 통하여 공동체 안에서 권위가 공유될 수 있는 방법을 강조한다.

이 책에서 나는 나사렛 예수의 삶과 가르침 속에서 행사되는 권위의 유형을 끊임없이 깨닫게 된다. 신약성서는 종됨(servanthood)의 모습으로 권위를 행하라고 거듭해서 우리들을 권면한다.

> 여러분 안에 이 마음을 품으십시오. 그것은 곧 그리스도 예수의 마음이기도 합니다. 그는 하나님의 모습을 지니셨으나, 하나님과 동등함을 당연하게 생각하지 않으시고, 오히려 자기를 비워서 종의 모습을 취하시고, 사람과 같이 되셨습니다. 그는 사람의 모양으로 나타나셔서(빌 2:5-7)[6]

권위에 대한 신학적 성찰을 함께 나누려는 이유는 이런 가르침을 진지하게 받아들여, 권위가 섬김을 위한 권면으로서 기능하지 않고 지배로서만 역할을 하는 이유를 분석하기 위함이다. 페미니스트 접촉을 통하여 끊임없이 투쟁하는 페미니스트 신학은 적어도 복음의 명령을 실행하는 방법을 분석할 수 있도록 하나의 계기를 제공하리라는 것이 나의 논지이다. 이 책은 자유의 집에서 권위를 함께 나누는 데 하나님의 백성 모두를 포함시키는 방법을 연구하는 초대장이다.

이 책을 준비하는 일에 참여한 많은 사람들과 특별히 샤논 클락슨(Shannon Clarkson)에게 이 책을 바친다. 권위의 문제에 대하여 많은 사람들과 단체가 보여준 관심과 반응이 내가 이 글을 쓰는 데 큰 힘이 되었다. 초안은 개렛 신학교(Garret-Evangelical Theological Seminary), 살롬 센터(Shalom Center)와 루터교 노스웨스턴 신학교(Luther Northestern Theological Seminary), 모라비안 신학교(Moravian Theological Seminary), 프린스턴 신학교, 트리니티 연구소(Trinity Institute), 연합 신학교(United Theological Seminary) 등을 포함한 많은 기관에서 행한 강의들로부터 발전한 것이다. 특별히 캐서린 둡 자켄펠트(Katherine Doob Sakenfeld)와 마가렛 팔리(Magaret Farley)에게 감사를 드리며, 나의 편집인이었던 신시아 톰슨(Cynthia Thomson)에게 또한 특별한 감사를 드린다. 뿐만 아니라, 예일 대학교 신학부(Yale Divinity School)와 수업에서 권위의 문제에 대해 많은 것을 함께 나눈 학생들에게 감사를 드린다.

---

6) 성서 인용은 『포괄적 언어 성구집』(*An Inclusive-Language Lectionary*)에서 사용되는 언어로서 개정된 번역본인 the Revised Standard Version of the Bible을 따를 것이다. Years A, B, C (John Knox Press, Pilgrim Press, Westminster Press, 1983, 1984, 1985). 페미니스트 관점에서 권위의 의미를 나타낼 때는 포괄적 언어를 일관성 있게 사용할 것이다. 인용하고자 하는 구절이 성구집에 나와 있지 않을 경우는 바뀌지 않은 the Revised Standard Version에서 인용한다. 이 책에서의 성서 인용은 대한성서공회 새번역판에서 인용하였다.

1장

미래의 권위

1958년 장로교 목사로 안수 받은 이후로, 나는 여성과 사역에 대하여 많은 패널들에서 강연을 해왔다. 1969년 유니언 신학교에서 있었던 패널은 아직도 기억 속에 선하다. 무엇을 말했는지는 정확히 기억나지 않지만, 아마도 동 할렘(East Harlem)에서 목사로 있었던 나의 경험을 나누었을 것이고, 여성 안수에 대한 성서적 찬반 논의에 대해 토론했을 것이다. 그 중 선명하게 기억나는 것은, 페기 앤 웨이가 "교회에서 갖는 여성의 권위에 대한 가능성"이라는 제목으로 행했던 주제 강연이다. 페기는 자신의 목회 사역에서 갖는 권위는 "성서와 역사, 신화와 교회, 그리고 문화적 분석과 인간들의 경험 등이 서로 얽혀져 있는" 자신의 고유한 종교 체험 속에 뿌리내리고 있다고 주장했다.1) 다른 많은 여성신

---

1) Peggy Ann Way, "An Authority of Possibility for Women in the Church," in *Women's Liberation and the Church*, ed. By Sarah Bentley Doely (Association Press, 1970), 91. 이 장에 있는 어떤 자료는 1986년 4월 뉴욕 트리니티 연구소 컨퍼런스에서 "사랑, 희망의 토대"라는 제목으로 발표되었고 "페미니스트 신학에서의 권위와 희망"이라는 영어 제목으로 출판될 것이다. 또한 *Gottes Zukungt-Zukungt der Welt*, ed. By J. Deuser and others (Christian Kaiser Verlag, 1986)이라는 독일어 판으로 출판되었으며, 이곳에서의 사용은 저자의 허락 하에 사용되고 있다.

학자들처럼 페기 웨이 또한 교회들의 성차별적 관행을 묵인하는 전통적 교회의 권위를 시험하는 근거로서, 자신의 여성으로서의 고유한 경험에 호소했다. 그러나 동시에 그는 새로운 창조라는 미래의 가능성을 열어 놓으신 하나님께 대한 신앙을 표현하고 있었다.

그 이후로 많은 페미니스트 이론과 실천은 페미니즘의 의미와 페미니스트 신학의 가능성을 분명히 밝히는 일에 주력해왔다. 그러나 권위에 대한 문제는 여전히 관심과 논쟁의 근원이 되고 있으며, 여성의 경험은 여전히 전통의 진실성에 대해 시험하는 기준이 되고 있다. 페미니스트 신학들은 다른 해방신학들과 마찬가지로, 경험의 중요성과 더불어 정황(context), 곧 모든 신학들이 구성된 정황뿐만 아니라 성경, 전통, 합리성의 패러다임 등이 형성된 정황에 대해서도 중요하게 생각하고 있다. 그러나 신학의 권위에 대한 근거로서 여성의 경험이 제시되었다는 사실은 종종 백인 남성들이 이미 이루어놓은 신학의 업적들을 불신하는 원인이 되기도 한다.2) 더욱이 그 주장된 여성의 경험이 단지 생물학적 차원에서 명시되는 여자(female)로서의 경험이나 혹은 문화적 차원에서 규정되는 여성다움(feminine)에 대한 젠더의 경험만으로 국한되지 않을 경우에 불신의 폭은 훨씬 가중된다. 그 경험이란 정치적 차원에서 겪는 경험을 의미하는데, 이는 새 창조를 이루어 가는 하나님의 일에 하나님의 형상으로 지음 받은 여성과 남성이 함께 참여하여 사회를 변화시켜야 한다고 주장하는 페미니스트들의 경험이라고 할 수 있다.

페미니스트란 누구인가에 대하여 하나로 규정된 정의나 고정된 하나의 유형으로서의 페미니스트 신학은 없으나, 일반적으로 페미니스트란 인간의 존엄성과 남녀의 평등을 주장하는 사람들이라는 정의에서는

---

2) Rosemary Radford Ruether, *Sexism and God-Talk: Toward a Feminist Theology*, 12-13.(『성차별과 신학』, 안상님 옮김, 대한기독교출판사).

논란의 여지가 없다. 그런 주장에 따르면 페미니스트란 단지 북대서양 국가들에서 거주하는 교육받은 백인들만이 속하는 것이 아니라, 모든 여성과 남성이 포함된다는 것을 의미한다. 비록 내가 미 북동부 출신의 중산층 백인 개신교인이라는 배경을 갖고 말하고 글을 쓰지만, 페미니스트로서 나는 모든 인종과 계급 그리고 모든 국가의 남성과 여성의 평등을 이루는 일에 전념하고 있다. 바바라 스미스가 자신의 논문 "인종차별과 여성학"(Racism and Women's Studies)에서 서술한 페미니즘의 정의는 스스로를 페미니스트라고 지칭하는 사람들의 헌신에 대해 잘 드러내 주고 있다.

> 페미니즘은 모든 여성을 자유롭게 하고자 분투하는 정치적 이론과 실천이다. 경제적 특권을 갖고 이성애적 성향을 가진 백인 여성뿐만 아니라, 유색의 여성, 노동자 계층의 여성, 빈민 여성, 장애 여성, 동성애 성향을 가진 여성, 연로한 여성 등 모든 여성을 포함한다. 이와 같은 총체적 자유의 시각으로 나오지 않은 그 어떠한 것도 페미니즘이라 할 수 없으며, 이는 단지 여성의 자기 과장(self-aggrandizement)에 불과할 뿐이다.3)

페미니스트 신학들은 여성을 비인간화(非人間化)시키는 그 모든 것으로부터 여성을 해방시키고자 하는 실천과 이론을 추구하고 고찰하면서, 모든 개개인의 온전한 존엄성을 옹호하시는 하나님의 일에 동참하고 있다.

---

3) Gloria T. Hull, Patricia Bell Scott, and Barbara Smith, eds., *All the Women Are White, All the Blacks Are Men, but Some of Us Are Brave: Black Women's Studies* (Feminist Press, 1982), 49 참고. Bell Hooks, *Feminist Theory: From Margin to Center* (South End Press, 1984), 8.

미래에의 호소

이런 주장들 가운데서 미래의 권위에 대한 호소는 페미니스트 신학의 중요한 측면이 된다. 여성들은 자신들이 겪어온 경험의 권위에 호소할 수 있지만, 여성들의 경험은 주로 교회와 사회 안에 뿌리 박혀 있는 오래된 가부장제의 구조 속에서 얻어진 경험들이다. 우리는 아직 하나님의 실제로 살아 있는 자녀들의 삶은 과연 어떠할지 알지 못한다(롬 8:19). 따라서 우리는 부정의 논리를 통하여 과거와 현재의 사회적, 정치적, 경제적 그리고 교회적 경험들의 모순을 설명한다. 그러나 동시에 우리는 하나님께서 뜻하신 새로운 창조의 비전을 실천하고 있으며, 바로 이 희망 때문에 우리는 멈추지 않고 계속 나아가게 된다.4) 남성들의 세계 속에 여성의 위치를 새롭게 세우는 과정에는 하나님의 미래가 현재의 변화를 가져올 수 있는 원동력으로 작동되는 유토피아적 신앙이 필요하기 때문에, 중요한 의미에서 가부장제 구조물인 성서와 전통 그리고 교회와 신학 가운데서 기독교 페미니스트들이 가질 수 있는 권위란 오직 미래밖에 없다고 할 수 있다. 비버리 해리슨이 지적한 대로, 페미니스트 신학의 연구 작업은 사물의 과거와 현재 질서를 규명하고 분석하는 것만이 아니라, "유토피아적 상상"(utopic envisagement)에도 참여해야 한다.5)

과거의 왜곡. 성서와 교회 전통의 역사 속에서 여성 선조들의 삶을

---

4) 비버리 해리슨(Beverly Wildung Harrison)은 이 구절이 흑인 구전 전통에서 유래되었다고 지적한다. 참고 자료로 La Frances Rodgers-Rose, ed., *The Black Woman* (Sage Publications, 1980), 10을 보라. *Our Right to Choose*, 285에서 해리슨이 인용함.

5) Harrison, *Our Right to Choose*, 99.

재구성하는 것조차도 쉽지 않다. 여인들의 잊혀진 삶을 복구하여 기록하는 것은 그들이 감내했던 생활의 어려움에 관한 것이며 또한 어떻게 그들의 인격과 이름이 더럽혀졌는지 혹은 말살되었는지를 밝혀내는 것이다. 예를 들어, 엘리자베스 몰트만 벤델은 예수께 고침을 받고 예수의 제자가 되었던(눅 8:2) 막달라 마리아를 언급하면서, 가부장적 역사의 왜곡으로 인해 그녀의 이야기가 변형되었다고 말한다.

> 막달라 마리아는 전형적인 괴물이며 죄와 섹슈얼리티의 대표적 모델로 조작되었다. 왜냐하면 그녀의 눈부시게 유례없는 독특한 이야기는 상상력이 풍부한 환상적 이야기를 만들어낼 가능성을 제시했기 때문이다.6)

"사도들의 사도"(the Apostle to the Apostles)로 알려진 이 막달라 마리아는 누가복음 7장 37절의 죄인으로 묘사된 여인과 베다니의 향유 부은 여인(요 12:3)과 잘못 동일시되었다.

그녀의 선조인 미리암도 히브리 성서의 전통 속에서 더 나은 대접을 받지 못했다. 미리암은 필시 이스라엘의 독립적인 지도자였음에도 불구하고 후대의 전통(민 26:59)에서는 아론과 모세의 자매로 묘사되었다. 출애굽기 15장 20절에 따르면, 그녀는 바로 왕에 대한 하나님의 승리를 찬양했던 예언자였다.7) 민수기 12장은 미리암이 권위를 쟁취했을 때 일어난 일을 설명한다. 그녀는 "하나님께서는 정말 모세를 통해서만 말씀하셨는가?"라고 물으며 아론과 함께 모세의 독단적인 권위에 도전한다. 그 후부터 가부장적 전통은 미리암을 계속해서 축소했고 나병으로 그녀

---

6) Elisabeth Moltmann-Wendel and Jürgen Moltmann, *Humanity in God*, 11.
7) Elisabeth Schüssler Fiorenza, "Interpreting Patriarchal Traditions", in *The Liberating Word: A Guide to Nonsexist Interpretation of the Bible*, ed. by Letty M. Russell, 49-51.

를 벌하였다고 기록했으며, 그 후에는 가데스에서 장사되는 것(민 20:1)만을 기록함으로써 그녀를 이야기에서 모두 빼버린다. 그러나 필리스 트리블은 미리암이 당시의 사람들로부터 잊혀지지 않았음을 지적한다. 사람들은 미리암이 진영으로 돌아올 때까지 보름간 행진하기를 거부했고(민 12:15), 그녀에 대한 기억은 새로운 미리암이라 할 수 있는 마리아가 구원자의 어머니(The Mother of the Deliverer)가 될 때까지 예언자 전통에 남게 된다.8) 여성들이 하나님의 권위를 갖고 말한다는 것은 늘 그들의 신변에 위험한 것이 되지만, 하나님께서 모든 백성들에게 허락하신 미래의 권위를 갖고 말할 수 있는 힘을 얻기 위해 여성들은 계속해서 선조 할머니들의 과거를 재구성해 나간다. 로즈매리 류터가 지적한 대로,

> 우리는 가부장제로 편향된 종교전통 속에서 잊혀진 여성들로부터 혹은 이전에는 결코 허락되지 않은 여성들의 시각으로부터 신성한 경험을 할 수 있기 때문에, 새로운 미래를 위한 권리 주장을 하기 위해 우리의 과거를 상실하거나 부인할 필요는 없다.9)

자유의 혁명. 페미니스트 신학은 언제나 권위에 대하여 문제를 제기하는 의식 혁명의 한 부분이다. 공동체 내에서 작용하는 권위의 패러다임에 관심을 기울이는 페미니스트 신학은 우리가 알고 있는 기독교 신학의 내용과 사상적 구조 모두에 도전한다. 여성들이 가부장적 권위에 도전할 때 과거의 전통에 대한 기억뿐 아니라 미래에 대한 기억도 유념

---

8) Phyllis Trible, "Patriarchy in Old Testament Theology" April 19, 1985. 예일 대학교 신학부에서 행한 강의로서 출판되지 않음.
9) Rosemary Ruether, "Feminist Theology in the Academy," *Christianity and Crisis* 45(3):61 (March 4, 1985).

하고 있는 사람들과 함께 기꺼이 합류하지 못한다면 자신들도 미리암과 같은 운명에 처하게 될 수 있다는 것을 알게 될 것이다. 왜냐하면 그리스도 예수 안에서 유대인이나 그리스인이나, 종이나 자유인이나, 남자나 여자의 차별 없이 모두가 하나라는 갈라디아서 3장 28절의 약속을 열어놓은 것이 하나님의 새 창조의 권위이기 때문이다.

이런 점에서, 페미니스트 그리스도인들은 권위의 원천으로서 미래에 관심을 기울인다. 이들은 책임과 자유의 공동체 속에서 인류와 자연이 공존할 수 있는 집(household)으로서의 세상을 창조하시는 하나님의 미래 행위에 호소하고 있으며, 이런 미래의 행위는 이스라엘 백성과 예수 그리스도를 통해 나타내신 하나님의 행위 속에 이미 현존한다고 주장한다. 성서신학은 그 자체가 "희망으로 채워져 있으며," 희년과 해방의 이미지들과 더불어 성취에 이르는 약속의 이미지들을 제공한다. 따라서 미래에 대한 우리의 기억(our memory of future)은 성서에서 새로운 비전을 제공하고 있는 억압받은 자와 주변인 그리고 하나님의 집(*oikos*)에 거하는 작은 자들의 미래에 대한 간청이다. 페미니스트 신학자들은, "희망이 없음에도 불구하고 희망을 갖는" 사람들과 강한 연대를 맺으면서, 갈가리 찢겨진 세계에 고통을 지속시키는 지배구조 한가운데서도 새롭게 개선된 창조의 비전을 추구해 간다. 이런 미래를 간절히 요청하는 것은 현실로부터의 도피가 아니라, 희망을 실현해 내고자하는 헌신적 참여다.10)

몰트만은 1968년 "자유의 혁명"(The Revolution of Freedom)이라는 글에서 서양 사회에서는 해방을 향해 분투하는 모습을 표현한 자유운동들이 계속되어 왔음을 지적한다. 각각의 새로운 운동들은 이전의 운동들

---

10) Nicholas Lash, *A Matter of Hope: A Theologian's Reflection on the Thought of Karl Marx* (University of Notre Dame Press, 1981), 257.

의 성과를 이어오면서 계속되는 실망을 극복하려고 시도했으나, "지금껏 어떤 운동도 '자유의 세계' 자체를 가져오지는 못했고, 그럼에도 각각의 운동들은 자유를 위한 투쟁의 새 전선을 열어왔다."11) 여성들이 해방을 위한 그들 나름의 투쟁에서 새로운 전선을 여는 일이 종종 있었지만, 가부장적 권위 구조 때문에 그들의 공로는 억압되고 말았다. 만일 미래가 모든 사람들을 위해 열려 있으려면 자유를 향한 모든 투쟁에서 억압받는 자들과 동역자가 되어야 한다고 주장하면서 여성들은 현재 다른 여러 사회에서 억압받은 사람이 해방을 향해 투쟁할 때 함께 연대하고 있다.

이 책에서 내가 의도하는 것은, 이런 자유 혁명 부분에서 권위의 문제는 참으로 핵심적 주제라는 것을 주장하는 것이다. 이것을 좀 더 분명히 이해하기 위하여, 자유의 새 집에서 살 수 있는 가능성을 여는 권위와 힘에 대한 실제적인 설명을 제공하는 것이 필요하다.

권위에 대한 관점들

사람들은 종종 힘(power)과 권위(authority)의 의미를 혼동한다. 사람들은 일상 속에서 힘과 권위의 역학관계를 경험할 때, 힘과 권위 모두가 지배나 강제의 여러 형태로 나타남을 주목한다. 여기에는 상식적으로 이해할 만한 타당한 이유도 있다. 사회학자들 사이에 사회 계층 이론에 대하여는 비록 서로 다른 의견들이 있을지라도, 힘과 권위를 지배(dominance)로 분석하는 데에는 모두가 동의할 것이다. 기능주의자들(functionalists)은 사회의 상호작용과 사회의 필요들을 설명하면서, 권위

---

11) Jürgen Moltmann, *Religion, Revolution, and the Future* (Charles Scribner's Sons, 1969), 77.

란 지배(domination)로서 나타나며, 힘이란 "정상을 향해" 집중되는 것이라고 흔히 말한다. 갈등 이론가들(conflict theorists)은 희소 자원들에 대한 경쟁에 초점을 맞추면서 사회, 정치, 경제의 불평등이 어떻게 해서 엘리트주의와 억압을 낳게 되었는지 그 방법들에 계속 초점을 맞춘다.12) 그러나 이런 인간관계 유형들과, 그 유형들을 기독교적이고 페미니스트적인 관점에서는 어떻게 이해할 수 있는지에 대해서도 훨씬 더 많은 논의가 있어야 한다.

합법적 힘. 우리의 생활과 사회에서 작용하는 이런 역동적인 과정에 대한 실제적인 의미를 설명하기 위해, 나는 각각의 장들을 다룰 때마다 확장될 수 있고 검토할 수 있는 도식화된 서술들을 과감히 시도할 것이다. 힘이란 의도된 목표를 성취하는 능력으로 이해하며, 또한 사회적 힘이란 한 개인이나 그룹이 다른 개인이나 그룹의 행동에 영향을 줄 수 있는 능력으로 이해하고자 한다.13) 힘의 핵심은 반응자의 동의와 관계없이 변화를 주도하는 주체에 있다. 힘은 주로 영향력을 행사하거나 강요하는 방법으로 실행되며, 흔히 경쟁적이다. 힘이 교환되는 상황에 처해 있을 때 우리는 "내가 그것을 해야만 합니까?"라고 묻는 경향이 있다. 또한 어떻게 반응해야 하는지를 결정할 때, 우리는 순종의 결과보다는 불응의 결과들을 중시하며 결정한다.

나는 권위를 합법적 힘(legitimated power)으로 이해한다.14) 권위는 반

---

12) Beth E. Vanfossen, *The Structure of Social Inequality* (Little, Brown& Co., 1979), 141.
13) Ibid., 138. 밴포센은 막스 베버의 힘에 대한 고전적 정의, 즉, 사람들이 공동체에서 자신의 고유한 의지를 실현시키거나, 혹은 행동에 참여하는 다른 사람들의 저항에 대하여 반대를 표명하고 실현시키는 기회로서 힘에 대한 정의를 인용한다. 참고 H. H. Gerth and C. Wright Mills, trans. and eds., *From Max Webber: Essay in Sociology* (Oxford University Press, 1946), 180.

응자의 동의를 이끌어내면서 목적을 달성한다. 권위는 힘의 한 모형이라기보다는 그 이상의 것으로서, 사회 구조에 의해 합법화된 힘이다. 권위는 대부분의 상황에서 위계 구조를 통해 실행되는 통제다.15) 권위의 관계에서는 "왜 내가 해야 합니까?"라고 묻는 경향이 있다. 무엇인가를 요구하는 주체자의 권리는 실제로 그 요구의 이유를 묻는 반응자에 의해서 인정된 권리다.16) 따라서 우리가 어릴 때 잠자리에 들라고 하는 부모님들의 권리를 받아들이지만, 그 때마다 우리는 "왜 그래요? 왜?"라고 이유를 묻는다.

성인인 우리들은 권위의 원천들이 영향력을 끼칠 권리가 있음을 인정하면서도 그 권리가 어떻게 기능하고 있는지에 대해 관심을 기울인다. 우리의 현실에서 이런 예가 분명히 드러나는 것은 성서가 왜 그리고 어떻게 성서를 읽는 사람들의 동의를 불러일으키며, 그들의 삶을 인도하는 권위를 가지게 되었는가에 대한 끊임없는 관심이다.

모든 인간관계는 권위와 힘의 역동성을 갖는다. 정신 사회학적 입장에서 권위의 관계적 연결은 삶에서 필요한 힘의 이미지를 제공한다.17) 문제는 관계가 자주 왜곡되고 누군가에 의해 조작되며, 이 때 권위는 지배나 심지어는 독재의 형태를 띠게 된다는 점이다. 이렇게 되면, 권위는 좀먹기 시작하고 결국 불법적 힘이 된다. 예를 들어, 리처드 닉슨과

---

14) Jo Ann Hackett, "In the Days of Jael: Reclaiming the History of Women in Ancient Israel," in *Immaculate and Powerful: The Female in Sacred Image and Social Reality*, ed. By Larissa W. Atkinson, Constance H. Buchanan, and Margaret R. Miles (Beacon Press, 1985), 21.

15) Michelle Zimbalist Rosaldo, "Women, Culture, and Society: A Theoretical Overview," in *Woman, Culture, and Society*, ed. by M. Z. Rosaldo and Louise Lamphere (Stanford University Press, 1974), 21, n. 2.

16) Bengt Holmberg, *Paul and Power* (Fortress Press, 1979), 130-135.

17) Richard Sennett, *Authority*, 16-27.

그 측근들이 권위를 악용하였을 때 워터게이트(Watergate) 청문회에서는 그의 미국 대통령직의 권위에 대하여 의문을 제기했고, 닉슨은 대통령직이라는 구조적 권위의 권리를 거절당하고 말았다. 인간은 권위라는 구조 없이는 제 기능을 하지 못하지만, 공동의 안녕과 정의에 유익한 구조를 추구할 수 있다.

권위의 관계적 결속이 세워지는 데는 다양한 방법들이 있다. 세계의 사회, 경제, 정치 영역에서 영향력 있는 위치에서 나오는 구조적 권위(structural authority) 외에도, 많은 사람들이 가치 있다고 동의하는 지식의 권위(authority of knowledge)가 있다. 카리스마적인 권위(charismatic authority)는 대개 특정한 사람이 그들의 은사를 통하여 다른 사람들로부터 지도자나 연설가로서 인정을 얻는다. 지혜의 권위(authority of wisdom)는 오래된 경험을 통해 세계와 인간 본성에 대하여 깊이 이해함으로써 다른 사람들이 그들의 삶을 견뎌나갈 수 있도록 돕는 사람들에게 해당한다.

이런 일련의 모든 관계들은 다른 것들과 마찬가지로 서로 상호작용하며, 따라서 응답자들은 개인이든, 텍스트든 혹은 정부 구조든 그것이 합법적 힘으로 여겨지는 것들에 한에서만 동의한다. 예를 들어, 나는 교수이자 강연자로서 합법적 힘이나 권위의 형태를 행사한다. 강의를 듣는 사람들은 대개 "왜 그렇죠? 왜 그런가요?"라고 물음을 던지고, 내가 한 말에 대해 토론을 벌이면서면서도 내게 강의할 수 있는 권리가 있다는 사실에 대개 동의한다. 이 권위는 본래 예일대학교 교수라는 나의 구조적 지위에서 나온 것인데, 이로 인해 강의할 수 있는 권리가 타당해진다. 그러나 강의 과정에서, 그 내용이 납득되지 않거나 지식의 권위에 기초한 것이 아니면, 동의는 사라지고 말 것이다. 때로 나 또한 특정 그룹의 사람들과의 관계에서 지혜의 권위나 카리스마적인 권위를 발견할 수도 있다. 이러 저러한 요소들이 함께 동의의 관계를 세우게 되는데, 이런 동의의 관계가 대화와 상호 학습을 위한 풍부한 자료를 제공할 수 있으면서도, 또한 사람들에게 나의 견해를 주입시키기 위해 잘못 이용될 수도 있다. 어떤 경우에서건, 내가 혹은 그 어느 누구든 어떻게 권위와 힘을 실행하는가의 방법에 따라 그 권위와 힘이 지배의 권위인지 아니면 파트너십의 권위인지가 결정된다.

힘과 권위는 보통 지배와 경쟁, 그리고 통제 등과 관련된다. 하지만 힘과 권위가 반드시 이런 연관관계로만 이해되어져야 하는가? 기독교 복음의 관점과 페미니스트적인 관점에서 보면, 대답은 "아니다"이다. 힘과 권위는 지배를 통해 행해질 수 있으며, 대개 가부장적 패러다임의 현실에서 이런 지배로서의 힘과 권위가 자주 실행되고 있다. 하지만 힘과 권위는 때로 사람들이 섬김의 나눔 공동체라는 복음의 비전을 실천하려고 애쓰는 곳에도 있기 때문에, 권한부여(empowerment)와 승인(authorizing)을 통해서도 역시 실행될 수 있다. 이와 같은 형태로서 권위의 관계는 삶의 현실로서 그리고 자유의 새 집이라는 소망의 약속으로서(갈 5:1) 성서신학에 매우 분명한 선례들을 보인다.

권위의 원천. 예수 그리스도 안에서 그리고 성령을 통해서 나타내신 하나님의 자기 계시는 그리스도인인 우리들의 삶에서 권위의 원천이다. 이처럼 삶의 토대는 생명과 사랑의 근원이신 하나님이 계시며, 하나님께서 임마누엘로서 우리와 함께 하신다는 믿음의 선포이다. 칼 바르트가 상기시키는 대로, 하나님께서는 우리의 동반자와 구원자가 되기를 원하시며, 하나님 자신이 우리와 같은 인간이 되심으로 이와 같은 하나님의 의지를 우리에게 보여주셨다.[18] 신약성서를 통해 우리는 사랑의

---

18) Karl Barth, *Humanity of God* (John Knox Press, 1960), 51.

힘으로 권위를 보이신 하나님에 관해 듣게 된다. 예수 그리스도의 삶과 죽음 그리고 부활 속에서 나타난 사랑의 이야기를 들으면서 우리는 "믿음" 속으로 빠져든다. 우리가 고통 당하시는 사랑과 섬김의 사역으로서의 하나님보다 "전능하시며, 고통 받지 않으시며, 결코 변함이 없으신, 카이사르(Caesar-god) 같은 모습으로 통치하시는 하나님에 대해 듣게 된 것은 후기 신학이 발전해 오면서이다.19) 위르겐 몰트만이 엘리자베스 몰트만 벤델과, 세계교회협의회의 셰필드 심의회(Sheffield Consultation)에서 교회 안의 남자와 여자의 공동체에 관한 연설에서 말한 것처럼,

> 이렇게 기독교가 가부장제를 수용한 것은 다른 상황 속에 있는 희망의 신학자들, 해방신학자, 그리고 정치신학자들이 교회를 콘스탄티누스의 포로라고 비난했을 때 알 수 있는 것처럼, 잠재적 해방에 엄청난 해악을 끼쳤다. 이와 같은 상황이 페미니스트 신학에 의해서 여실히 증명되었다.20)

기독교 공동체는 예수 그리스도 안에서 나타난 하나님에 대한 권위적 증거가 무엇인지에 대한 규범을 갖고 있다. 그런 규범에는 대개 과학적 지식의 자료와 인간 경험 그리고 성서 자료와 교회 전통이 포함된다. 데이비드 켈시는 이런 의미 유형을 분별해 내려고 할 때 신학적 해석에 한계가 있다고 지적한다. 이런 신학적 해석의 한계들은 복음의 메시지를 계속해서 증언해야 하는 필요에 따라 생기는 것이다. 따라서 성서와 교회 전통에 연결되어야 할 뿐 아니라 특별한 문화 환경에 대해서도 합리적 지식과 충분한 상상력을 가져야 한다.21)

---

19) John E. Skinner, *The Meaning of Authority* (University Press of America, 1983), 1-10, 68.
20) Moltmann-Wendel and Moltmann, *Humanity in God*, 112.

특정 교회가 갖고 있는 그 규범이 어떤 유형이건 간에 그 유형 자체가 권위를 가지는 것은 아니다. 이 유형에 권위를 주기도 하며 그 주장을 제한시키기도 하는 것은 그 유형이 하나님의 자기 계시와 연결되어 있다는 점 때문이다. 그리스도인에게 중요한 기준은 예수께서 자신의 사역에서 행사하신 권위의 일관성이다. 복음서들을 읽으면 우리는 그리스도가 하나님 나라(하나님의 새 창조)를 시작하는 대행자(agent)로서의 권위를 갖고 있음을 발견한다. 왕적 신분(kingship)이라는 은유는 당시의 사회 유형의 이해를 통해 얻어진 것이기는 하지만, 왕적 신분의 내용은 사뭇 다르다. 사실 제자들조차도 제대로 이해하지 못하고 예수께서 로마인들을 쫓아내고 그의 왕권을 차지하기를 항상 기다리고 있었다. 마들린 부처는 "예수는 가부장적인 전통에서 메시아가 수행할 것이라고 여겨졌던 모든 권위를 거부했다"고 우리에게 상기시킨다.22) 예수의 권위(*exousia*)와 힘(*dunamis*)은 새로운 시대(New Age)를 안내하시는 하나님의 선물이었다. 예수는 죄를 용서하고, 더러운 귀신을 쫓아내고, 기쁜 소식을 전하는 권위를 갖고 있었다. 그는 성서 해석에 근거해서만이 아니라 직접 하나님의 뜻을 말씀하셨기 때문에 권위를 갖고 가르치셨다(막 1:22).

복음서는 예수의 사역의 능력을 치유하시는 힘으로 묘사한다. 그가 자신의 힘을 지배하는 데 사용했다는 지적은 어디에도 없다. 오히려 예수는 포로된 자들에게 해방을 선포하고, 눈먼 자의 눈을 뜨게 하시는

---

21) David H. Kelsey, *The Uses of Scripture in Recent Theology* (Fortress Press, 1975), 175.
22) Madeleine Boucher, "Authority-in-Community," *Mid-Stream* 21 (3): 415-416(July 1982) 참고. Pheme Perkins, "Power in the New Testament," *Proceedings of the Thirty-second Annual Convention*, Catholic Theological Society of America, New York City, June 10-13, 1982; 37:83-89.

분이셨다. 그는 사회에서 가장 작은 자가 하나님의 나라에서는 새로운 삶을 살 수 있도록 허락된 것처럼, 기득권자들이 현실에 안주하는 현실에 대해 하나님의 근본적 전복(radical reversal of the status quo)을 선포하셨다(눅 4:18-19). 예수께서 행하신 사역의 권위는 또한 그의 제자들과 따르는 사람들의 권위가 되었다. 예수의 제자들은 죄를 용서하고 귀신을 쫓아내며, 병을 치유하고 복음을 선포한다. 섬김과 돌봄의 사역에 대한 권위는 예수 그리스도의 삶의 스타일이었다. 교회의 언어적 선포가 사랑의 행위로 실천됨으로 하나님의 말씀이 계속해서 이 세상에 성육신될 때, 교회의 상호적 사역은 이 권위를 공유하게 된다. 이런 의미에서, 이런 토대 위에 세우는 신앙의 권위는, 정통 이론(orthodoxy) 만큼이나 정통 실천(orthopraxy)에 의존하고 있다. 우리는 어떤 가르침이 그리스도의 사역을 말과 행동 속에서 실현하도록 이끌어 가는 것을 보게 될 때, 그 가르침에 대해 동의하게 된다.

영어에서 "권위"(authority)라는 단어의 본래 의미를 살펴보면, 라틴어 옥토리타스(*auctoritas*)가 증대하다 또는 증가하다를 의미하는 동사 *augere*에서 유래했다는 것을 발견하게 된다. 한나 아렌트는 서양 문명에서 권위에 대한 개념은 권력층에 있던 로마의 지도자들이 로마의 조상들이나 로마를 세운 사람들의 토대를 끊임없이 확대하려는 로마적인 생각에서 나온 것임을 상기시켜 준다.23) 이 관점에서 권위는-- 삶과 신앙 그리고 사회의 기원과의 관계 때문에 영향을 줄 수 있는 권리로서 --로마인들의 가부장적인 패러다임을 형성한다. 건국자들의 권위는 정치와 문화 그리고 가정에서의 지배를 합법화하거나 승인하는 것으로 이해된다. 그리스 문화는 비록 정치에서의 권위에 해당하는 동등한 개념은 없지만 그리스인들이 갖는 권위에 대한 유용한 이미지는 민주적 폴

---

23) Arendt, "What Is Authority?," *Between Past and Future*, 122.

리스(*polis*)가 아닌, 군주적 오이코스(*oikos*), 곧 집(household)에 있다. 아리스토텔레스에 의하면, 한 가족은 아내와 아이들과 노예들을 주인이 지배하는 위계구조 속에서 세워져야 하는 것이 당연한 이치였다.24)

그리스의 철학을 최근에 읽지 않았다 해도, 앞서 말한 것이 우리에게 그리 생소한 이야기는 아니다. 목회서신에 있는 가정의례나 지침들은 위와 같은 그리스와 로마의 사상에서 상당한 영향을 받았을 뿐 아니라 우리 역시도 그 영향을 받고 있다. 우리는 종종 성서의 권위를 우리 신앙의 가장 근본적인 사건들이라는 이름으로 말하고, 또한 규율 있는 집안은 누군가가 지배하는 사람이 필요하다고 믿는다. 엘리자베스 휘슬러 피오렌자 같은 몇몇의 여성 신학자들은 영원한 가부장적 원형(archetype)에 뿌리내린 권위의 개념을 깨뜨리기 위해서 고정되었거나 불변하는 과거가 아닌 "자체적으로 변혁의 가능성에 비판적으로 개방되어 있는" 과거에 대한 모델로서의 모형(proto-type)이라는 개념에 관심을 기울인다.25) 다른 학자들도 나처럼 과거가 아닌 하나님께서 뜻하시는 미래의 기대에 뿌리내린 권위 개념에 그들의 관심을 기울이고 있다. 각각의 경우에서 페미니스트 신학자들이 의도하는 바는 하나님께서 새로운 일을 행하신다는 가능성에 계속 개방하고 있는 것이며, 또한 그 새로운 일이란 하나님의 세계의 집(God's world household)에서 우리가 어떻게 권위를 행사하는지와 관계가 있다는 것이다(렘 31:22).26)

자유의 집(Household of Freedom)

---

24) Ibid., 104-120.
25) Fiorenza, *In Memory of Her*, 33.(우리말 번역: 『크리스챤 재건의 여성 신학적 재건』, 김애영 옮김, 태초)
26) Russell, *Growth in Partnership*, ch. 4, "Theology & Anticipation," 87-109.

보통 우리의 개인적인 문화에서 "집"(household)이라는 말이 불러일으키는 이미지는 공공의 영역과 단절되고 종종 개인 사이의 문제에 얽힌 작은 가족을 연상한다. 그러나 성서의 이야기에서나 지구상에 존재하는 많은 문화 어디에도 한 가지 형태의 집이나 가정은 존재하지 않는다. 세계 도처에 각각의 다른 방법들로 모인 구체적인 가정들의 다양함을 축하하기 위해서 모든 집(household)이 하나님의 집(oikos), 곧 하나님 세계의 집 안에서 모두 연결되어 있다는 것을 기억하는 것이 중요하다. 고대 그리스 사회에서 나타나는, 도시 국가 폴리스(재산이 많은 자유자의 영역)와 오이코스(아내와 노예 그리고 아이들이 자유인 남자에 의해 지배받는 영역)의 잘못된 이원론은 오이코스를 로마 제국에서 널리 퍼져 있던 카이사르의 집의 축소판 형태인 노예의 집(household of bondage)으로 만든다. 이런 잘못된 이원론이 또한 폴리스를 가족들의 억압과 사회의 노동력에 토대를 두고 있는 잘못된 민주주의가 되도록 방치한다.

이런 이원론과 그 결과로 일어나는 억압에 반대하여 나는 권위에 대한 이해를 하나님의 오이코노미아(*oikonomia*), 즉 전 세계의 살림(householding)이라는 성서적 이해로 시작함으로써, 사적 영역과 공적인 영역에서 하나님의 살림과 그 동반자적 실천에 참여하는 행위가 바로 권위의 행사일 수 있다는 것을 주장하고자 한다. 제2장에서 살펴보겠지만, 자유의 집이라는 은유는 상호 의존적인 사회에서 발생하는 구체적인 인간의 상호작용을 묘사하지만, 자유가 거하는 집으로 이야기함으로써 집에서 일어나는 억압적인 경험을 드러낼 수 있다. 이와 같이 집에서 겪는 경험은 미래와 현재의 실재이다. 신약성서가 "이미 시작되었으나 아직은 완성되지 않은"(already, not yet)이라는 용어로 하나님의 나라, 하나님의 집을 이야기하는 것처럼, 공동체 안에서 서로 권위를 공유하면서, 하나님의 집의 목적을 이해하고자 하는 여자들과 남자들의 현재 경험으로 하나님의 집을 말할 수 있다.

"자유의 집"은 때때로 인간관계에서 파악되는 하나님의 집에 대한 은유이다. 제5장에서 나는 "하나님의 집"을 "하나님의 나라"라는 말로 바꾸어 쓸 수 있다는 것을 주장할 것이다. 이런 의미에서 하나님의 집은 베드로전서와 같은 신약성서 뒤의 책에서 말하는 것처럼 교회를 언급하기보다는 오히려 하나님의 새 창조를 의미한다. 그러나 교회가 자유의 집으로 경험되는 장소인 한에서는 교회 또한 하나님의 집의 상징이 될 수 있다.

분열된 집. 극히 드물기는 하지만 자유의 집은 때때로 사람들이 노예와 같은 생활에 대해 투쟁하고 삶에 대한 새로운 현실을 발견할 때 경험된다. 분열된 가정이었으나 종국에는 자유의 집이 되는 이야기의 예가 남북전쟁 동안 노예제도 아래에서의 일상적 삶을 이야기하는 마가렛 워커의 1966년 소설 『희년』에 나온다.[27] 워커는 소설을 통해 플랜테이션과 나라 안에서 분열과 지배의 결과를 보여준다.

> 한 나라가 갈라져서 서로 싸우면, 그 나라는 버틸 수 없다.
> 또 한 가정이 갈라져서 싸우면, 그 가정은 버티지 못할 것이다.
> (막 3:24-25)

『희년』에 나오는 저택은 둘로 나누어진 집이다. 그 "큰 집"에는 듀톤과 그의 아내 그리고 두 명의 자녀가 살고 있다. 노예들이 거처하는 처소에는 비리(Vyry)와 엘비라(Elvira) 그리고 헤타(Hetta)라고 하는 여자 노예의 아픔과 고통 그리고 죽음을 통해 태어난 다른 열네 명의 아이들

---

27) Margaret Walker, *Jubilee* (Houghton Mifflin Co., 1966).

이 듀톤의 보호를 받으며 살고 있다. 사람들의 기쁨의 노래, 희년의 노래를 들으며, 엘비라 웨어 브라운(Elvira Ware Brown)은 계속되는 위험과 인종차별에 직면하면서도 어렵게 자신의 남편인 이니스 브라운(Innis Brown)과 함께 통전성과 파트너십이 가능한 자유의 집을 세운다.28)

이 분열된 집의 그림은 마가렛 미첼이 삼십 년 전에 쓴 『바람과 함께 사라지다』와는 매우 다른 모습이다.29) 이 소설은 흑인 여성도 함께 공유할 수 있는 새로운 형태의 권위를 향해 투쟁하는 새로운 역사적 대안을 그리기보다는, 오히려 미국 대중의 상상을 다루고 있다. 이 책은 또한 오랜 노예 정치에 대한 강한 향수를 불러일으키는 애틀랜타(Atlanta)의 대하소설이 되었고 그 후 50년 이상 베스트셀러가 된다. 불행히도 인종차별주의의 많은 부분이 "바람과 함께 사라진 것"이 아니라, 그리스의 폴리스에 특정한 피부색, 계급, 성을 가진 사람만이 참여할 수 있도록 허락되었던 것처럼, 특정한 사람들에게만 자유가 허락된 분열된 집이 여전히 계속되고 있다. 그러나 성령의 강력한 해방의 이미지는 우리의 상상력을 사로잡아 분열된 세계에 대한 대안을 계속해서 찾도록 요구한다.

미래에 대한 기억. 해방에 관한 강력한 성서적 이미지 중 하나는 유대인과 기독교인의 역사 속에서 미래에 대해 강하게 상기시키는 희년의 이미지이다. 히브리 전통에서 희년은 하나님께서 사람들과 땅의 억압을 승인하지 않으신다는 것을 의미하는 것으로서, 이는 노예의 해방뿐만 아니라 모든 피조물들의 휴식이라는 안식일 전통을 상기시킨다. 샤론

---

28) Eleanor Traylor, "Music as Theme: The Blues Mode in the Works of Margaret Walker," in *Black Women Writers*, 1950-1980, 522.
29) Margaret Mitchell, *Gone with the Wind* (Macmillan Co., 1936). 참고 "Gone with the Wind Celebrates 50, by Richard Nalley, United 31(6):9 (June 1986).

린지는 그녀의 책, 『예수, 해방 그리고 성서적 희년』에서 성서 전통 속에 있는 희년의 이미지를 추적한다. 당시 사회의 제안이었던 것이 우리의 현실의 상황에서도 계속해서 읽힐 수 있는 해방의 은유가 된다.30)

> 레위기 25장에는 이스라엘 전통의 두 가지 흐름이 함께 나온다. 첫 번째는 안식년법이고(21:2-16; 23:10-11; 신 15:1-18) 두 번째는 성서의 이야기에서뿐만 아니라, 주변의 메소포타미아 문화에서 발견되는 사면 또는 석방을 명하는 다양한 왕의 법령으로 이루어져 있다(렘 34:8-22; 느 5:1-13).31)

이 둘의 요소는 하나님을 주권자와 해방자로 경배하고 고백하는 것과 사회정의를 요구하는 법에 대한 순종 사이의 연관성이 있음을 보인다. 노예의 해방과 빚의 탕감, 땅의 회복과 땅의 휴식에 대한 요청은 이스라엘에서 군주제의 발전과 부의 축적에 대한 비판으로 나타나는데, 이것은 종종 예언자 전통에서 발전된 주제이다.

이사야서 61장 1-2절은 포로 생활에서의 해방과 가난한 사람을 위한 복음 등의 하나님의 종말론적 통치를 선포하는 희년의 이미지를 사용하고 있다. 이 주제는 신약성서에서 복음 메시지의 핵심으로 자리한다. 이 구절은 누가복음서 4장 18-19절과 마태복음서 11장 5절 그리고 누가복음서 7장 22절에서 직접 인용되었으며, 하나님 나라의 기름부음 받은 사자로서의 예수의 이미지가 공관복음서에서 풍부하게 나타난다.32) 따라서 공동체의 모습과 온전함이 있는 출애굽과 창조의 기억은 우리로 하여금 하나님의 뜻이 하늘에서 이루어지는 것처럼 땅에서도 이

---

30) Sharon H. Ringe, *Jesus, Liberation, and the Biblical Jubilee*, 56.
31) Ibid., 16-17, 36.
32) Ibid., 36, 50.

루어지리라는 기대로 향하게 한다(마 6:10). 린지에 따르면, 미래에 대한 기억은 하나님이 위계체제나 지배 형태로서 통치하시는 미래에 대한 기대가 아니다. 이는 오히려 주권자로서의 하나님이 인류와 동반자적 계약 관계를 시작하시고, 책임적인 관계를 마련하는 방법을 찾으셨던 전통을 기억하는 것이다.33) 참으로 희년의 이미지는 하나님의 집인 오이코스 이미지와 그리 다르지 않다. 오이코스의 이미지는 사회적 가정에서 버림받은 사람들을 위해서 뿐만 아니라 창조 자체를 위한 하나님의 권위를 상기시킨다. 위르겐 몰트만이 말한 대로,

> 가난한 사람들을 향하신 메시아적 약속과 소외된 사람들의 희망의 본질을 구체화하는 길은 세상이 바로 이들의 "가정"(home)으로 실현되어야 한다는 것이다. 이것은 실존에 있어 안정된 존재를 의미하며 --- 이는 하나님, 인간 그리고 자연과의 관계가 긴장을 버리고, 평화와 안식의 관계가 된다는 것을 의미한다.34)

메시아가 우리 사이를 갈라놓는 벽을 무너뜨릴 때, "세상은 열린 집이 된다."35)

---

33) Ibid., 96.
34) Jürgen Moltmann, *God in Creation: A new Theology of Creation and the Spirit of God* (Harper & Row, 1985), 5.(우리말 번역: 『창조 안에 계신 하느님』, 김균진 옮김, 한국신학연구소)
35) Doreen Potter, "The Wall Is Down," 18 in *Break not the Circle: Twenty New Hymns*, by Fred Kaan and Doreen Potter (Agape, 1975). 나는 이 낱말들을 뉴욕의 스토니 포인트에 있는 스토니 포인트 컨퍼런스의 로고에서 처음 발견하였다.

2장

권위의 유형들

제1장에서 언급한 대로 경험에 호소한다는 것은 페미니스트 신학과 해방신학의 방법론에서 매우 중요한 부분이다. 방법론으로서 경험이 중요한 이유는 바로 변화하고 다원화된 현대 사회에서 서로 다른 사람들이 서로 다른 관점으로 세상을 보며, 그들이 본 세상에 대해 다르게 설명하기 때문이다. 신학적인 방법은 이런 다양성을 충분히 참작하여, 아직껏 들어보지 못한 사람들의 관점을 반영함으로 우리의 생각을 풍성히 하고 있다. 서로 다른 사람들과 다른 그룹은 문화와 인생 경험의 차이들로 인해 현실을 다르게 볼 수 있다.

몇 년 전, 나는 페미니스트 신학을 강의하기 위해 한국과 일본을 다녀왔다. 진주만을 방문하기 위해 호놀룰루에 잠시 머물면서, 잔인한 일본의 공격과 민주주의를 위해 싸운 미국의 영웅적 행위를 돌아보며 전쟁기념비(the War Memorial)의 분위기에 동화되었다. 후에 일본인 친구와 히로시마를 여행하게 되었고 그 곳에서 원자폭탄의 생존자들과 이야기를 나누고 여전히 죽음으로 몰아넣는 원자폭탄의 잔인한 상황을 돌아보며 평화공원(Peace Park)의 분위기에 몰입되었다. 이것은 똑같이 어려운 현실에 대한 두 가지 그림이다. 이 두 경우에서 전쟁은 지옥이었지만, 전쟁의 경험과 전쟁을 바라보는 우리의 방식은 "의존적 입장"

35

(standpoint dependent)이었다.1)

이처럼 우리가 의존적 관점으로부터 최근 세계의 역사를 이해하는 것이 사실이라면, 우리가 성서를 읽고 기독교 전통을 이해하는 방법에서는 얼마나 더하겠는가? 우리가 듣고, 이해하고, 살아가는 것은 우리의 문화, 언어, 계급, 나이, 인종, 성, 성적 지향, 종교 등에 대한 우리의 입장에 따라 달라진다. 이러 저러한 다양한 변수들은 하나님께서 우리의 삶에 어떻게 현존하시며, 우리가 그 현존에 찬송과 봉사로 어떻게 응답하는지를 이해하기 위해 우리가 사용하는 특정한 체계에 영향을 준다. 이런 체계나 패러다임은 우리가 세상을 이해하는 데 매우 중요하기 때문에, 페미니스트 입장에서 보는 권위에 대한 패러다임과 은유를 제안하기에 앞서, 먼저 과거와 현재의 경험에 대한 페미니스트 신학적 주장을 보다 진지하게 살펴보기를 원한다.

경험이 갖는 권위

학자들이 신학적인 탐구를 시작할 때 자신의 해석을 위한 권위의 한 근거로서 경험에 호소하지만, 단지 그들 자신의 경험만을 그 근거로 삼지는 않는다. 그들의 초기의 핵심은 개인적 경험이 아니라 지식사회학에서 나온 사회적 통찰에 두고 있다. 이런 통찰은 현실에 대한 우리의 이해가 사회적으로 구성되어 있다는 것이다.2) 제임스 콘이 말한 대로,

---

1) "의존적 입장"이라는 용어는 엘리자베스 도슨 그레이가 1985년 11월 8일 스토니 포인트 컨퍼런스 센터에서 열린 북동부 장로교회 집회에서 행한 미출간된 연설, "변화하고 있는 하나님의 이미지들"에서 사용되었다. 이것은 Ronald M. Green, *Religious Reason: The Rational and Moral Basis of Religious Belief* (Oxford University Press, 1978)에서 인용하였다.

2) Peter L. Berger and Thomas Luckmann, *The Social Construction of Reality: A Treatise in the Sociology of Knowledge* (Doubleday & Co., 1966). 역시 참고

우리는 인간 실존과 무관한 신학을 할 수 없다. 우리는 객관적일 수 없지만, 이마무 바라카(Imamu Baraka)와 함께 "객관적인 것이 없다"는 것을 인정해야 한다. - 적어도 모든 신학에서는…3)

이것은 콘으로 하여금 흑인들의 사회-종교적(socio-religious) 경험으로부터 흑인신학을 발전시키게 한다. 이것은 또한 구스타보 구티에레즈가 페루와 그 밖의 라틴 아메리카에서 억압받는 사람들의 경험으로부터 라틴 아메리카의 해방신학을 발전시키게 한다.4) 로즈매리 류터와 같은 백인 여성신학자는 페미니스트 신학을 구성할 때, 백인 여성의 경험에 수시로 호소하며, 페미니스트 신학이 모든 여성의 온전한 인간성(full humanity)을 주창하기 위하여 다양한 피부색, 다른 계급과 문화 속에 있는 여성들과의 대화에 참여하는 것을 매우 중요하게 여긴다.5)

의존적 입장. 페미니스트와 해방신학자들의 초기의 주장은 그들 신학의 특성이 (경험)의존적 입장이라는 면에서 여타 다른 신학과 다를 바 없다는 것이다. 모든 신학은 상황에 적합한 언어와 은유, 그리고 사고 유형 속에서 하나님께 대한 신앙을 고백하는 특정한 사람들과 신앙 공동체에 의해 만들어진 구성물이다. 칼빈은 그가 처했던 상황과 제네바(Geneva) 논쟁들과 대륙의 개혁(Continental Reformation)에 의해 매우 큰 영향을 받았다. 칼 바르트는 파시즘과 전쟁으로 짓눌린 세계와 관련

자료. Jerry H. Gill, *On Knowing God* (Westminster Press, 1981), 77-88을 보라.
3) James H. Cone, *God of the Oppressed* (Seabury Press, 1975), 16.(우리말 번역: 『눌린 자의 하느님』, 현영학 옮김, 이화여대 출판부)
4) Gustavo Gutierrez, *The Power of the Poor in History*, 200.
5) Rosemary Radford Ruether, "Feminist Interpretation: A Method of Correlation," in *Feminist Interpretation of the Bible*, ed. By Letty M. Russell, 112-116.

하여 신학적 작업을 시행한다. 바르멘 선언(Barmen Declaration)은 교회 역사에서 다른 강령 선언문처럼, 특별한 정황에 대하여 언급했다. 그 선언문은 특정한 시간과 장소의 상황에 처해 있었던 독일 고백 공동체에 있었던 희망을 설명했다. 페미니스트와 해방신학은 신학적 사고의 보편주의라는 이름으로 "편파성"(bias)을 감추는 것을 거부한다. 이런 식으로 표현된 종교적 개념은 주어진 특정한 상황 속에서 그것들을 이해하고 평가할 수 있다.

페미니스트 신학자들과 해방신학자들은 경험에 호소하면서도, 불변하는 진리와 상대적이고 변하는 진리 사이의 잘못된 이분법에 빠지지 않는다. 상황에 관심을 기울인다고 해서 모든 것이 상대적이며, 어떤 것도 중요하지 않다고 주장하는 것은 아니다. 그보다는 오히려, 모든 것이 서로 관계된다는 것을 이해함으로써 하나님의 약속에 대한 우리의 시야를 좀더 심화시키고 바로잡고자 하는 의미를 담고 있다. 우리의 이해는 우리 상황과 관련되기 때문에, 누가 묻고 있으며 어떤 믿음의 공동체가 그 대답과 씨름하고 있는지가 상당히 중요하다. 로버트 맥가피 브라운이 말한 것처럼,

> 복음의 관점은 영원하지만 육신을 입었다. 우리는 육신을 입었지만, 우리의 관점은 영원하지 않다, 우리의 관점은 "세상의 질그릇"으로 매개되어진다.

"예수 그리스도는 어제나 오늘이나 영원토록 동일하시니라"(히 13:8). 그러나 이 이야기를 듣고 전하는 사람들은 "세상의 질그릇 속에 보물을 가진 것이다."(고후 4:7)[6]

---

6) Robert McAfee Brown, "What Is Contextual Theology?" in *Changing Contexts of Our Faith*, ed. By Letty M. Russell (Fortress Press, 1985), 81.

페미니스트 신학자들은 모든 신학은 특정한 신학자들과 특정한 공동체의 경험에 뿌리를 내리고 있다고 주장하면서, 하나님께서 오늘의 세상에서 어떤 분이신지를 이해하는 데에는 인간 취급을 받지 못하고 존재를 무시당하는 사람들(non-persons)의 경험이 매우 중요하다는 것을 두 번째 주장으로 제시한다. "그녀는 단지 한 명의 여자일 뿐이다." "왜 그는 대학에 간 적이 없느냐?" "그녀는 좋은 영어를 구사할 수 없다"와 같은 표현이 하나님께로부터 나오는 중요한 말씀을 걸러내는 편견의 표시가 될 수 있음을 그들은 이해한다. 여성들의 경험도 남성들의 경험만큼이나 중요하다. 사유를 형성하고 신학의 틀을 만드는 남성들은 그들의 필요를 돌보는 아내나 종들의 일을 자신의 일보다 하찮게 보기 때문에, 여성들의 경험은 사소하고 중요치 않은 것으로 여긴다. 아직도 신학적 작업은 여성은 본성에 의해 삶의 공적인 영역에 참여할 수 없다고 규정하고 여성을 아예 배제해 버렸던 아리스토텔레스의 세계에 그 토대를 두고 있는 듯하다.

신학의 권위에 대한 근거가 경험이라는 세 번째 주장은 경험을 통해 신학에 접근하는 귀납적 방법이 다른 신학들만큼이나 논리적이며 과학적이라는 것이다. 모든 신학에는 상당부분 비논리적인 부분이 있는 것으로, 한 신학이 모든 비논리를 담고 있는 것은 아니다! 그러나 학자들이 자신들의 신학적 방법을 명시하고 논리적이고 일관성 있는 방법으로 진행시킬 때, 논리를 위한 모형으로서 사회학이나 예술 혹은 문학이 아닌, 반드시 철학이나 과학으로부터 취해야 할 이유는 전혀 없다고 할 수 있다. 현대의 백인 남성 신학들의 형태는 지적인 현대 서양 세계의 교양 있는 경멸자들(cultured despisers)에 대한 응답 가운데서 발전되어 왔으나, 구티에레즈가 밝힌 대로, 믿지 않는 사람들(nonbelievers) 만큼이나 사회에서 천대받는 사람들(non-persons)에게도 속히 복음의 해석을 전하여야만 하는 긴박감이 있다.7) 우리 자매 형제들 중 소위 가장 작은 자들 사이에서 복음이 "성육신"(enfleshments) 된 것에 대한 예들이 많이 있다(마 25:41).

　상황에 대한 고려. 상황에 대한 특별한 관심을 갖고 신학을 할 때, 다양한 사람들의 경험들과 이야기가 복음의 순수성을 해치기보다는, 하나님의 말씀이 어떻게 다른 많은 사회와 많은 부분에서 믿어지고 실천되는지에 대한 우리의 이해를 확장시킬 수 있는 계기가 될 수 있다. 예를 들어, 내가 북미 중산층이라는 상황에서 백인 페미니스트 신학을 하고 있다는 인식이 나의 신학을 제한시키지는 않는다. 오히려 우리가 처한 상황은 우리 신학을 자리매김하기 때문에, 흑인이나 히스패닉 혹은 아시아 여성신학자들이 과시적인 성공(hit parade)에서 경쟁해야 함을 느끼지 않고, 그들 나름의 희망을 설명할 수 있게 한다. 다른 피부색, 다른 계급, 다른 국가들의 남자, 여자들에 의해 수행되는 다른 신학들도 역시 마찬가지일 것이다.

　경험에의 호소는, 신앙이 어떻게 생활 속에서 형성되고, 삶의 상황과 학습 변화에 따라 어떻게 신앙이 성장하고 변화되며 깊어질 수 있는지를 살필 수 있도록 그리스도인들을 초대한다. "상황"(context)이라는 말은, 라틴어의 "짜거나 같이 결합한다"는 말(texto)에서 왔다. 우리는 상황 곧 성서의 주변 원문 자료들이나 교회의 다른 자료들을 살피면서, 종종 특정한 본문이 무엇을 의미하는지에 대해 새로운 통찰력을 얻기도 한다. 성서의 특정한 메시지나 교회의 신조, 또는 다른 자료들을 형성하게 했던 역사적 상황이나 사건들을 연구함으로써, 그 자료들이 말하고자 했던 의도가 무엇인지를 더 잘 알 수 있다. 우리가 살아가는 현시대적

---

7) Gutierrez, *Power of the Poor*, 212-214.

상황과 우리와는 사뭇 다른 사람들의 환경을 살펴봄으로써, 어떻게 우리 모두가 그리스도 안에서 하나이지만 우리의 삶 가운데서 경험되는 그리스도의 현존을 모두 다르게 표현한다는 것을 이해하게 된다. 삶의 경험들을 신앙의 직조물로 엮는 것은 그리스도 안에서 아직은 낯선 동역자들에게 자신을 노출시키는 위험을 무릅쓸만한 가치 있는 일이다.

페미니스트 신학과 해방신학들의 토대가 되는 경험은 일상생활에서 일어나는 일들 그 이상이다. 삶의 바탕이 신중히 다뤄져 신학작업에 대한 문화적 토대를 제공하기도 하지만, 새로운 신학들의 원천이 되는 경험들은 온전한 인간됨과 존엄성을 위해 고투하며, 또한 자신들의 분투를 비판적으로 성찰하는 사람들의 경험들이다. 정의와 자유 그리고 평화를 위해 행동하고 분투하는 공동체로부터 복음의 메시지를 이해할 수 있는 비판적 분석과 새로운 통찰력이 나온다. 페미니스트 신학의 경우, 기초가 되는 여성들의 경험이 단지 백인 여성이나, 가난한 여성 혹은 히스패닉계의 여성들의 경험만을 말하는 것은 아니다. 오히려 여성들이 교회와 사회의 모든 조직에 완전한 참여를 할 수 있도록 애쓰는 사람들이 비판적으로 성찰할 수 있는, 각각의 여성 그룹들이 갖는 특별한 경험을 의미하는 것이다.8)

경험만이 기독교 신학의 유일한 원천은 물론 아니다. 그렇다고 해서 경험이 성서와 교회 전통의 분석을 신중하고 합리적으로 모두 끝낸 이후에 단지 부수적으로 첨가되는 추가적 요소는 더욱 아니다. 예를 들어 페미니스트 신학자들이 자유를 위해 투쟁하는 여성들의 비판적으로 성

---

8) Eugenia Collier, "Fields Watered with Blood: Myth and Ritual in the Poetry of Margaret Walker," in *Black Women Writers, 1950-1980*, ed. By Mari Evans, 499-500; Ada Maria Isasi-Diaz, "Toward an Understanding of Feminismo Hispano in the U.S.A.," in *Women's Consciousness, Women' Conscience: A Reader in Feminist Ethics*, ed. By Barbara H. Andolsen and others (Winston Press, 1985), 51-62.

찰한 경험들을 신중히 고려하여 참고한다면, 세계를 바라보는 그들의 시야도 달라진다. 그들의 관점이 변할 때 새로운 해석적 틀 혹은 새로운 패러다임이 발전된다. 남성 여성을 막론하여 모든 페미니스트들의 경우에 이 패러다임은 지배의 패러다임에서 벗어나 파트너십의 패러다임으로 변화되고 있다.

변화하는 패러다임

샐리 맥페이그가 『은유 신학』에서 보여준 대로, 현실을 이해하기 위한 해석의 틀, 곧 패러다임은 해석이나 의미의 전체적인 정황을 제공하는 역할을 하며, 또한 쉽게 변화하지 않는 특성을 갖는다.9) 시대마다 신학 분야에서도 패러다임의 전환이 있어 훨씬 이전의 신학적 이해가 이어져 오기도 하지만, 때로 신앙과 행동의 일치를 요구하는 전혀 새로운 패러다임에 대한 이해도 있다. 신학적 패러다임의 전환은 전통적으로 권위적이라고 간주되는 것에 대한 새로운 이해의 변화도 포함된다. 해방신학과 더불어, 페미니스트 신학은 성서가 우리로 하여금 우리의 신앙과 실천이 일치해야함을 상기시킨다고 주장하며, 종교와 사회의 모든 권위 구조에 영향을 주는 패러다임 전환의 시작을 주도하였다.10)

기독교와 유대교에서 만연되게 나타나는 권위의 패러다임은 지배의 권위다. 이런 패러다임에서는 권위에 대한 모든 물음은 권위의 가시적 행렬에서 누가 최고의 사람인지가 관건이며, 가장 높은 서열에 있는 사람이 지배권을 장악한다. 그러나 공동체 안에서 페미니스트 신학과

---

9) McFague, *Metaphorical Theology*, 79-83.(우리말 번역: 『은유 신학』, 정애성 옮김, 다산글방)

10) Letty M. Russell, "Authority and the Challenge of Feminist Interpretation," *Feminist Interpretation of the Bible*, 137-146.

해방신학에서 제시하는 권위의 패러다임이 믿음의 여성과 남성들에게 가장 신뢰할 만한 것이 되기 시작할 때, 서로 더 높은 지위를 차지하려기보다는 서로를 풍성히 할 수 있는 복합적인 권위를 인정하는 새로운 체제가 나타난다.

지배로서의 권위. 페미니스트 신학자들이 더 이상 인정할 수 없는 권위의 유형은 지배로서의 패러다임이다. 일반적으로 통용되는 관점으로 공유되는 일련의 믿음과 가치 그리고 방법들이 교회 안에서와 대학, 그리고 대부분의 신학적인 연구와 대화 속에서 지배적으로 나타나는 경향이 있다.11) 의식적으로든, 무의식적으로든, 현실은 위계구조 또는 피라미드 구조의 형태로 나타난다. 페미니스트 이론에서는 이 패러다임을 "가부장제"라 부른다. 예를 들어, 엘리자베스 피오렌자는 『돌이 아니라 빵을』에서 다음과 같이 말한다.

> 계급화된 종속과 착취의 남성 피라미드 형태인 가부장제는 계급이나 인종, 그리고 나라와 우리가 속해 있는 남성의 종교라는 이름으로 여성들을 더욱 억압하고 있다.12)

가부장제의 보다 넓은 의미는 단지 성차별주의(sexism)만이 아니라, 모든 형태의 착취를 묘사하고 있다. 가부장제는 또한 단순히 사회 안에서 남성들이 행하는 특정한 행위만을 가리키는 것이 아니라 사회가 작용하는 방법도 가리킨다.

---

11) See Letty M. Russell, "Women and Ministry: Problem or Possibility?" in *Christian Feminism*, ed. By Judith L. Weidman, 75-92.
12) Fiorenza, *Bread Not Stone*, p. xiv.(우리말 번역: 『돌이 아니라 빵을』, 김윤옥 옮김, 대한기독교서회)

권위를 지배로서 이해할 경우, 최고의 자리에 하나님을 위치시키고 그 다음에는 남성, 그 아래로 개, 식물 그리고 무생물 등의 순으로, 모든 사물에 신적 질서가 부여된다. 신학적 "진리"를 추구하는 데도 교리나 규칙 혹은 칭호들의 위계구조의 질서 속에서 수행된다. 여성들과 제3세계 그룹들이 갖는 어려움은 그들의 관점이 이런 피라미드 구조의 해석체계에 맞지 않는다는 것이다. 신학적인 기획에 포함되는 대가는 "최고 위치에 있는 사람들"이 정의한 "좋은 신학"을 하기 위하여 자신의 관점과 문화를 버려야 한다는 것이다. 지배적 권위의 패러다임과 맞지 않는다고 계속해서 문제를 제기하고 새로운 관점을 제안하는 사람은 더욱 더 주변부로 밀려나게 된다. 이런 상황의 극단적인 형태는 신학적 토론에서 강제로 밀려남에 따라 상호 발전과 비평의 가능성을 잃어버린 "이단적 그룹들"(heretical groups)의 출현이라고 할 수 있다.

　이런 현실의 패러다임은 신학적 관점으로서는 부적절하다. 왜냐하면 이런 지배로서의 패러다임은 정치, 경제, 종교적으로 힘있는 엘리트들이 약자들을 지배하고 억압하는 종교적인 이론적 원리를 제시하기 때문이다. 지배로서의 권위가 갖는 입장은 소외된 모든 사람을 포용하시는 하나님의 예언자적-메시아적 약속과 분명히 상반된다(눅 4:16-30). 사람들에게 무조건 신학적 사회적 진리의 엄격하고 고정된 입장을 강요할 수 없는 너무나 다양한 오늘의 세계에서, 지배로서의 권위는 부적절한 패러다임이다. 이 패러다임은 결국 토론에 참여한 모든 사람들로 하여금 다른 사람들을 정복하여 "정상"을 쟁취하고자 경쟁하는 사유를 조장하기 때문에, 의미를 찾는 과정에서 연합이나 협력의 여지가 없어진다.

　파트너십의 권위. 성서적이며 신학적 진리를 의미 있게 하는 페미니스트 패러다임은 파트너십 혹은 공동체적 권위로서 나타난다. 이와 같은 패러다임에서 현실은 상호의존의 형태로 해석된다. 상호의존의 현실에서 질서는 인간을 최상위의 자리에 위치시키기보다는 인간과 자연의 상호의존적인 공동체를 창조하는 일에 함께 동참하도록 요구하는 무지개 스펙트럼(rainbow spectrum)이라는 포괄적 다양성을 통해 탐구된다. 권위란 공동체 위에서 군림하는 것이 아니라 공동체 안에서 작용하기 때문에 전체를 풍요롭게 하는 폭넓은 다양성으로 인해 협력과 같은 개념을 강화하는 경향이 있다. 서로의 다름이 가치 있게 여겨지고 존중될 때 자신을 교회와 사회의 주변인이라고 여겼던 사람들도 인간으로서의 자신의 가치를 발견하기 시작한다.

페미니스트 이론에서 이런 패러다임은 파트너십, 우정, 공동체, 관계, 상호의존, 그리고 모계제(matriarchy) 등을 포함한 다양한 명칭을 갖고 있다. 그러나 엘리자베스 몰트만 벤델이 지적한 대로, 각각의 경우에서 이 패러다임이 지향하는 바는 단순히 오래된 지배의 패러다임을 뒤집으려는 의도가 아니라, 인간과 자연, 그리고 모든 피조물을 덜 해롭게 하는 현실과 세계를 질서 지우는 새로운 대안을 찾고자 하는 것이다.[13] 이런 현실의 패러다임은 페미니스트들을 포함한 많은 사람들이 이와 같은 관점을 실행하고자 노력하고 있기 때문에 단지 낭만적인 꿈이라고만 할 수 없다. 사실, 파트너십으로서의 권위의 패러다임은 자기 파멸로 치닫고 있는 세계에서 가장 현실적으로 가능한 대안이기에 몇몇 국가나 그룹에서는 이에 대한 "승리"를 주장하기도 한다.

파트너십의 권위는 또한 신학적인 주제들에 대하여 보다 포괄적인 합의를 가져올 수 있는 신학적 관점을 제공한다. 이것은 아마도, 초기 기독교 공동체에서의 합의(consensus)의 의미와 다르지 않을 것이다. 그 합의란, 교리가 아닌 예수 그리스도 안에 나타난 하나님의 사랑이라는

---

13) Elisabeth Moltmann-Wendel and Jürgen Moltmann, *Humanity in God*, 36.

공유된 이야기 속에 있는 합의이다(빌 2:1-2). 더 이상 모든 사람들로 하여금 신학적 진리를 위해 하나의 우선체계(priority system)만을 받아들이도록 하기보다는 모든 인종과 계급의 남녀를 포함한 인간 전체성의 공동체를 기꺼이 세우고자 하는 사람들을 선호한다. 파트너십의 권위는 하나님의 새 창조를 향한 여정에서 함께 나눌 수 있는 새로운 통찰력을 누구나 얻을 때, 모두가 함께 기뻐할 수 있는 공동체적인 추구와 나눔으로 토론의 틀을 형성한다.

파트너십으로서의 권위가 기능하는 방법을 설명하기 위해서 나는 무지개의 이미지를 자주 사용해 왔다. 지배로서의 권위를 피라미드로 이미지화한 위계질서와는 달리, 무지개로 이미지화한 질서는 보다 폭넓게 다양한 색깔들로 이루어져 있으며, 더 많은 색으로 더욱 아름답고 더 완전한 원으로 보인다. 무지개는 대부분 폭풍 가운데 나타나며 이런 모습은 낡은 것과의 투쟁 속에 있는 새로운 현실을 묘사하는 데 적합한 이미지이다. 무지개는 또한 홍수 이후에 하나님께서 피조물과의 약속으로 주신 표시로 우리에게 친숙하다(창 9:12-13). 프리즘을 통과하는 빛처럼, 하나님의 다양한 창조의 부분들은 서로를 굴절시키면서, 더 많은 색깔, 에너지, 힘들의 활발한 상승효과를 만들어낸다. 하나님께서 피조물에 대해 의도하시는 것처럼, 정의와 샬롬, 그리고, 캐서린 자켄펠트가 "충실"(loyalty)[14]이라고 말한 것 등, 하나님과 맺은 계약의 목적을 위해 기꺼이 일하는 한에서 모든 부분들의 참여가 환영받게 된다. 무지개라고 하는 이미지의 관점에서 볼 때 인간은 더 이상 창조 피라미드의 최정상에 있는 것이 아니라, 마틴 루터 킹 목사가 말한, 하나님의 "세계의 집"(world house)의 청지기로 섬기면서, 창조의 한 가운데 있는 것으로

---

14) Katharine Doob Sakenfeld, *Faithfulness in Action: Loyalty in Biblical Perspective* (Fortress Press, 1985), 132-151. 무지개에 대한 더 많은 이미지를 살펴보려면 Judith L. Weidman, ed., *Christian Feminism*, 80-92을 보라.

이미지화된다.

> 우리는 흑인이든 백인이든, 동양인이든 서양인이든, 이방인이든 유대인이든, 그리고 가톨릭 교인이든 개신교인이든, 무슬림이든, 힌두교인이든 상관없이 모두가 함께 살아야 하는 큰집, 즉, 엄청난 "세계의 집"을 상속받았다. 사고와 문화와 관심에 있어 통제할 수 없을 정도로 서로 다르게 나뉜 가족, 그러나 우리는 결코 다시는 떨어져 살 수 없기에 평화롭게 서로 더불어 사는 것을 배워야 한다.15)

집에 대한 은유

무지개의 이미지는 하나님께서 약속하신 새로운 창조의 미래를 기대하며 세계 가족으로서의 삶을 시작하는 데 중요하다. 그러나 무지개는 기껏해야 하늘의 구름들을 통해 나타나고, 태양이 비치는 벽이나, 셀 수 없이 많은 상업적인 상품들, 특별히 어린 여자아이들을 위한 상품들을 통해 나타나는 덧없는 이미지에 불과하다. 무지개는 이런 상업적인 형태로서, 남성들에게 현실 세계를 담당하도록 맡긴 채, 여성들은 무지개 너머 어딘가에 있을 자신의 꿈을 꿈꾸며 살아간다는 숨은 메시지를 전하고 있다. 그러므로 우리는 인간관계에서의 권위를 구체적으로 말해주고, 하나님의 집에 우리 모두가 함께 사는 것을 상기시키는 은유가 필요하다. 이런 은유는 우리가 어떻게 파트너십의 형태로 사회적, 개인적 관계의 질서를 세울 수 있는지를 이해하는 데 도움이 될 것이다.

하나님의 임재. 하나님의 임재가 우리들 사이에 나타나는 방법을 묘

---

15) Martin Luther King, Jr., *Where Do We Go from Here: Chaos or Community?* (Beacon Press, 1967), 167.

사할 수 있는 은유를 제시하는 것이 신학자들의 중요한 과제다. 하나님의 자기 계시가 경험이라는 "세속적 수단"을 통해 우리에게 알려지기 때문에 우리가 하나님에 대하여 생각하고 이야기할 때는 항상 은유를 사용한다. 하나님의 통치가 인간의 현실과 같거나 다른지를 설명하기 위해 예수께서 사용하신 확장된 은유나 비유처럼, 다른 종교적 은유들도 하나님께서 어떻게 우리의 현실과 닮았는지 혹은 다른지를 목자, 청지기, 아버지, 어머니, 어미닭 등등과 같은 은유를 통해 볼 수 있도록 도와준다. 고든 카우프만은 『신학적 상상력』에서 신학의 기본 작업인 하나님 이야기(God-talk)의 은유적 측면을 묘사했다. 그는 말하기를:

> 나는 신학이 인간 상상력의 구성적 작업이라고 믿는다. 즉 신학은 세계와 세계 안에서의 인간의 위치에 대한 상징적 그림을 발전시키는 것을 통해 인간 삶의 방향을 제시하는 상상력 활동의 표현이라고 믿어진다.16)

패러다임이란 문제가 되고 있는 주제들과 사용될 만한 방법들과 물음들 그리고 대답들을 규정하는 특정한 탐구 영역에서 생각을 정리하기 위한 틀이다.17) 한편, 은유란 구체적인 현실에서 실제적 예를 사용함으로써 아직껏 알려지지 않은 것을 묘사하는 상상력의 방법이다. "나는 '주인의 집'에 산다"라고 말하는 것은 수많은 집에서 사는 여인들, 종들, 그리고 아이들의 구체적인 경험에서 끌어온 종속의 위치를 은유적으로 묘사한 것이다. "나는 '자유의 집'에 산다"라고 말하는 것은 바로의 "노예의 집"에서 살던 노예가 하나님의 백성으로 "자유의 새 집"으로 옮겨

---

16) Gordon D. Kaufman, *The Theological Imagination: Constructing the Concept of God* (Westminster Press, 1981), 11.
17) McFague, *Metaphorical Theology*, 83.

가는 구체적인 경험에서 나온, 상호 돌봄의 공동체 안에서 다른 사람들과 더불어 사는 자유를 은유적으로 묘사한 것이다.

제1장에서 지적한대로, "자유의 집"은 어떻게 파트너십으로서의 권위가 다시금 새롭게 하시는 하나님 창조의 처음 맛(aperitif)으로서 우리의 삶을 형성할 수 있을까를 이해하도록 돕는 은유이다. 만일 우리가 무지개의 다양성을 기꺼이 받아들이고, 주위에 있는 사람들의 차이를 인정한다면, 자유의 집 안에서의 파트너로서 함께 우리의 역할을 다해야 한다. 자유의 집은 인간 거주지의 수많은 고대 모형과 더불어 새로운 해방의 차원을 포함하고 있기 때문에 특별히 권위에 대한 좋은 은유로 보인다. 인간은 누구나 동료 혹은 누군가의 돌봄 없이는 자신이 누구인가를 이해하는 데까지 자라지 못한다. 다른 사람들의 협력을 통해, 우리는 다른 사람들, 하나님, 세상, 그리고 우리 자신들과 협력할 수 있는 인간이 되는 것을 배운다. 공동체 안에서 살도록 하나님께 지음 받은 우리들은 삶을 유지하기 위해서 인간을 위한 가정의 형태가 필요하다는 것을 깨닫게 된다.

성서적 전통에서 집의 중요함은 예수 그리스도의 삶과 죽음, 그리고 부활을 통해 신앙의 가족으로 융합된 사람들뿐 아니라, 이스라엘이라는 특정한 인간 가족의 이야기에서 분명하게 나타난다. 집, 거주지, 또는 성전(*bayith*)에 대한 낱말은 히브리 성서에서 가장 자주 사용되는 50개 단어 가운데 하나다. 이것은 그리스어 번역 오이코스(*oikos, oikia*)와 더불어 성서에서 2천 번 정도 나타난다.18) 신약성서에서 가정이나 집은 그리스도의 부활하신 몸과 믿음의 집으로서의 교회에 대한 주요한 은유가 된다. 가정 교회와 초기 기독교 교회의 사회적 구조는 신약학자들이

---

18) Bonnie Pedrotti Kittel, *Biblical Hebrew* (출판사 없음, 1978), 101; O. R. Sellers, "House," *The Interpreter's Dictionary of the Bible*, vol. 2, ed. By George A. Buttrick and others (Abingdon Press, 1962), 657.

열심히 연구하는 분야다. 예를 들어, 신약성서에서 말하는 환대(hospitality)에 대하여 연구하고 있는 존 쾨니는 식사 중 나누는 음식과 대화에 그 연구의 초점을 맞춘다.19) 그리고 엘리자베스 피오렌자의 저술인『그녀를 기억하며』는 "평등한 제자직"(discipleship of equals)에 관심을 보일 뿐 아니라 에베소서 5장과 6장의 가정 율례에 나타난 평등의 사상이 후기에 파괴된 것에 대해서도 특별한 관심을 보이고 있다.20)

월터 브루그만이 매우 치밀하게 성서신학의 주제로 설명한 땅에 대한 은유처럼, 가정과 집의 은유도 또한 인간 해방과 화해의 희년에 대한 약속을 이해하기 위한 프리즘이 될 수 있다. 사실 브루그만이 이스라엘의 땅의 역사를 묘사하기 위해 사용한 것은 바로 집에 대한 은유이다. 그는 말하기를:

> 첫째는 집이 없는(homelessness) 어려움을 무릅쓰며, 가정이라는 선물을 낳는 역사이다. 둘째는 가정을 깊이 갈망하지만, 결과적으로 집 없는 역사를 낳을 뿐이다. 그리고 출애굽으로부터 예루살렘까지의 세 번째 역사에서는 예수께서 집 없음(십자가 죽음)을 포용하심으로

---

19) John Koenig, *New Testament Hospitality: Partnership with Strangers as Promise and Mission* (Fortress Press, 1985).
20) Fiorenza, *In Memory of Her*, Parts 2 and 3, 97-342. 또한 다음의 자료들을 보라. John H. Elliott, *A Home for the Homeless*; John G. Gager, *Kingdom and Community: The Social World of Early Christianity* (Prentice-Hall, 1975)(우리말 번역:『초기기독교 형성과정연구』, 김쾌상 옮김, 대한기독교출판사); Abraham J. Malherbe, *Social Aspects if Early Christianity* (Fortress Press, 2nd ed., 1983)(우리말 번역:『원시 그리스도교의 사회적 이해』, 조태연 옮김, 대한기독교서회); Wayne A. Meeks, *The Social World of the Apostle Paul* (Yale University Press, 1983)(우리말 번역:『바울의 목회와 도시사회』, 황화자 옮김, 한국장로교출판사); Gerhard Theissen, *Sociology of Early Palestinian Christianity* (Fortress Press, 1977)(우리말 번역:『예수 운동의 사회학』, 조성호 옮김, 종로서적).

결국은 놀랍고 은혜로운 가정의 선물(부활)을 얻게 된다는 것을 우리는 배울 수 있다.21)

권위를 설명하기 위해 특별히 사용한 집에 대한 은유는 갈라디아서 3장 28절에서 묘사한 대로 하나님의 종말론적인 약속이 발생하기 시작하는 공동체를 나타내기 때문에 자유에 대한 은유라고도 할 수 있다. 하나님의 사랑이 집 안에 현존할 때 집안의 모든 사람들은 그들의 서로 다름에도 불구하고 파트너로서 여겨진다. 히브리와 그리스 전통의 가부장적 집이 그리스도의 현존을 통해 변화되는 것처럼, 하나님의 희년이라는 해방의 선물도 이미 현존하기 시작한다.22) 여기서 의미하는 자유란 힘있는 자들에 의해 자유가 억제당하는 자들 위에 군림하여 무제약적으로 지배하고 통제하는 자유를 의미하지 않는다. 그보다는, 하나님의 사랑의 선물을 통해 새로운 관계의 가능성을 찾는 사람들 사이에서 행사되는 무제한적 협력, 곧 사귐(*koinonia*)을 의미한다.23)

새로운 집. 신약성서에서 가끔씩 눈에 띄는 새로운 집에 대한 기사는 자유의 집에서 권위가 어떻게 제 역할을 하는지에 대해 몇 가지 단서를 제공한다. 복음서에서 예수 주위로 몰려들었던 여성과 남성은 하나님의 뜻을 행한 사람들의 새로운 공동체를 만들었다(마 10:37; 12:48-49). 루이제 쇼트로프가 지적한 것처럼, 예수를 따르는 사람들은 하나님의

---

21) Walter Brueggemann, *The Land: Place as Gift, Promise, and Challenge in Biblical Faith* (Fortress Press, 1977), 3-6, 189.(우리말 번역:『성서로 본 땅』, 강성열 옮김, 나눔사)
22) Sharon H. Ringe, *Jesus, Liberation, and the Biblical Jubilee,* 33-49. Cf. Letty M. Russell, "Partnership in New Creation," *Growth in Partnership,* 15-38.
23) Jürgen Moltmann with M. Douglas Meeks, "The Liberation of Oppressors," in *Christianity and Crisis* 38(20):315-316 (Dec. 25, 1978).

새로운 가족이 되었으며, 하나님의 새로운 가족이 되었다는 사실이 그들에게는 매우 기쁜 소식이었다.24) 이들 추종자들은 민중(ochlos), 곧 사회의 가난한 자와 버림받은 자들이었다. 이들은 너무도 가난하여 가정이 깨어지고 가족들이 흩어져, 남녀 모두가 거의 마지막 시간에 포도원에 고용된 일꾼들처럼 음식과 일을 찾아 여기 저기 떠돌 수밖에 없었다. 그 비유는 하루 종일 일자리를 찾아 기다리다가 임금에 대해서는 묻지도 않고 단지 먹을 것만을 얻기를 바라면서 한 시간이라도 일하려고 하는 노동자들에 대한 익숙한 장면을 나타낸다(마 20:1-16). 확실히 예수의 메시지는 가족들 사이에 분열을 가져올 수 있었지만, 그 당시 경제적 상황으로 인해 이미 가족들이 흩어진 많은 사람들에게는 새로운 가족세대를 제공하였다.25)

헬레니즘적인 배경을 갖고 있던 바울의 회중들 가운데, 부활 공동체는 종종 그 모임을 집에서 가졌던 것처럼 보인다. 그들의 모임은 가족이나 노예 혹은 자유인이나 종 또는 노동자나 사업관련자, 그리고 소작농들을 포함한 그 사회의 정치적 기초 단위와는 완연히 구별된다. 대신 가정 교회는 친절을 베풀거나 후원을 아끼지 않았던 헬레니즘 사회의 자발적 모임과 훨씬 더 비슷하다. 이런 모임들을 후원했던 얼마 안 되는 상류계급의 여성과 남성들과 더불어, 바울이 고린도전서 1장 26-30절에서 인정한 것처럼,26) 대다수의 사람들은 낮은 지위에 있던 사람들이었

---

24) Luise Schottroff, "Women as Followers of Jesus," in *The Bible and Liberation: Political and Social Hermenneutics*, ed. By Norman K. Gottwald (Orbis Books, 1983), 418-427.
25) Schottroff, 422-423.
26) Nalherbe, *Social Aspects*, 69-72; Fiorenza, *In Memory of Her*, 287; John G. Gager, "Social Description and Sociological Explanation in the Study of Early Christianity: A Review Article," in *The Bible and Liberation*, ed. By Norman K. Gottwald, 431-440.

다. 이들은 더 이상 가부장제의 통제 아래 있지 않았다. 이들은 종종 가정에서 새로운 사귐(*koinonia*)의 모임을 가졌지만, 이제는 노예와 자유인 그리고 하인들과 더불어 자유의 새 집에서 동역자로 함께 일하는 여성과 남성을 포함하고 있다.

이 유형의 세부적인 사항은 여전히 많은 부분, 신약성서 학자들 사이에 쟁점이 되고 있으나, 이런 사회적 유형이 바울의 글 속에서 언뜻언뜻 제시되고 있으며, 신약성서의 후기저작들은 가정과 교회가 옛 가부장적 유형에 점점 적응해 감을 나타내고 있다는 데 같은 견해를 보인다. 비록 그리스도인들이 카이사르를 신앙 공동체의 수장으로 섬기지 않았다 할지라도 그들은 우선적으로 모든 면에서 자신들이 훌륭한 시민임을 증명하기를 원했다(벧전 2:13-17). 따라서 에베소서 5장 21절-6장 9절은 아내와 아이 그리고 종은, 남편과 아버지 그리고 주인에게 순종해야 한다는 종속적 가정의 질서를 말하고 있다. 지역적으로든, 보편적으로든 교회는 흔히 하나님의 집(household of God)이라고 불리고 있으며, 위계적인 사역의 질서를 전개해 가기 시작한다(딤전 3:15; 벧전 2:5).[27]

신약성서에 나오는 가정에 대한 모형은 어떤 모습의 가정이 되어야 하는지에 대한 이미지를 살피는 데 도움이 된다. 자유의 집이 어떠해야 하는지를 상세히 설명하는데 특별히 나에게 도움이 되는 또 다른 신약성서 구절은 고린도전서 7장에 나오는 마치 아닌 것처럼(*hos me*, as if not) 사는 것에 대한 바울의 충고이다. 여기서 바울은 고린도교회에게 결혼과 독신생활에 대해 충고한다. 7장 29절과 30절에서 바울은 그리스도 안에 있는 형제와 자매들에게 충고하기를

　　이제부터는 아내 있는 사람은 없는 사람처럼 하고,

---

27) Fiorenza *In Memory of Her*, 289-294; Elliott, *A Home for the Homeless*, 220-233.

우는 사람은 울지 않는 사람처럼 하고,
기쁜 사람은 기쁘지 않은 사람처럼 하고,
무엇을 산 사람은 그것을 가지고 있지 않은 사람처럼 하고,
세상을 이용하는 사람은 그렇게 하지 않는 사람처럼 하도록 하십시오.28)

비록 우리의 종말론이 바울의 종말론과 다를 수 있지만, 바울은 자유롭게 더불어 살 수 있는 단서를 우리에게 제시한다. 그 단서란 하나님의 새 창조가 이미 우리들 가운데 존재하듯이 살아가려는 우리의 헌신으로 인해, 모든 사회적 역할과 관계를 이차적인 것으로 이해하는 것이다. 하나님과 우리의 관계가 가장 궁극적이기 때문에 다른 모든 사회적 역할과 위계구조는 더 이상 궁극적일 수 없다. 여기서 말하고자 하는 것은 그 같은 사회적 인간관계가 중요하지 않다는 의미가 아니라, 그리스도께서 주신 자유라는 선물 때문에 인간관계가 재조명되었다는 의미이다(갈 5:1). 충성과 평화 그리고 정의의 관계를 실천하는 방법이 우리의 삶에서 가장 궁극적인 것을 표현하는 것이기 때문에, 우리의 (인간) 관계는 매우 중요하다.

나는 "그렇지 않은 듯이"(as if not) 살아간다는 생각을 매우 좋아하여, 우리 집의 이름을 호스 메(Hos Me)라고 붙였다. 물론 나는 그 집이 은행 소유가 아닌 것처럼 살아가려고 했다. 또한 그 집이 내 소유가 아닌 듯이 살기를 원하기도 했다. 다시 말해, 나는 이 귀중한 재산이 나와 내 이웃의 필요 또는 하나님의 부르심 사이에 방해가 되지 않는다는 것을 인정하고 싶었다. 어느 날 나는 히브리 글자로 집 이름이 쓰여 있는

---

28) Rudolf Bultmann, *Theology of the New Testament* (Charles Scribner's Sons, 1951), vol. 1, 352(우리말 번역: 『신약성서신학』, 허혁 옮김, 성광문화사); L. Russell, *The Future of Partnership*, 167-176.(우리말 번역: 『파트너쉽의 미래』, 김상화 옮김, 대한기독교출판사)

한 액자를 집들이 선물로 받았다. 아무도 그것을 읽지 못했기 때문에, 그 때 이후로 그 이름은 "그렇지 않은 듯이"(as if not)이다. 호스 메(*Hos Me*)는 사실 그리스어지 히브리어가 아니기 때문에, 히브리 문자로 쓰인 호스 메(*hos me*)의 뜻을 이해할 수 없었을 것이다. 히브리 학자가 아닌 이상, 누구도 그것을 이해할 수 없기 때문이다. 어느 날 나의 동료인 보니 키텔(Bonnie Kittel)이 우리 집을 방문하여 액자를 들여다보았다. 그녀는 자신이 이해하는 한에서 그 말은 일종의 히브리어로 "나의 집"으로 번역할 수 있을 것이라고 말했다. 그것은 나의 집이다. 하지만 좀 더 이야기하면, 나는 그 집이 하나님의 보다 넓은 자유의 집에 속한 것이기를 바란다.

하나님과 우리의 관계가 무엇보다도 가장 궁극적일 때, 우리는 우리 고유의 문화적 풍습과 전통이 제공하는 삶과는 전혀 다른 유형의 삶을 살아갈 수 있다. 문화적 전통들 대부분은 집(house-hold)을 모호한 용어로서 설명한다. 여기에는 공적인 삶에서는 분리되었지만, 여전히 "남자들에게는 성(castle)"과 같은 그리스 전통의 가부장적 가정이 있다. 또한 신부들의 교회가 초기 만인 평등주의적 가정교회를 대체하게 된 하나님의 집이라는 전통이 있다. 궁극적으로 이런 교회의 집에 속한 사람들은, 더 이상 "그렇지 않은 듯이" 살아가는 것이 아니라, 콘스탄티누스와 카이사르의 집에서 종으로 살아갈 것이다.

하지만, 동시에 다양한 많은 가정은 모든 문화마다 인간의 삶이 양육되는 장소로 이해되며, 여자와 아이들이 편안함을 느끼는 곳이다. 페미니스트 신학이 가정과 가족 안에서 벌어지는 일에 관심을 두지 않는다면, 여성들에게 가장 중요한 삶의 영역을 재구성하는 데 실패할 것이다. 예를 들어, 들로레스 윌리엄스는 흑인 여성들에 관해 이야기하면서, 흑인 여성의 해방과 흑인 가족의 해방은 서로 분리될 수 없는 것이라 말한다. 페미니스트 신학의 임무 가운데 하나는, 하류 계층의 삶을 사는 사람들을 위해 희망의 말을 구성하는 성서적 해석에 대한 비평적 원리를 만드는 것이다.29)

만일, 자유의 집(house of freedom)이 있다면, 그 안에 거하는 사람들은 영원한 지배와 복종의 의무에 갇히는 희생 없이도, 삶의 질을 윤택하게 할 수 있는 방법을 찾을 수 있을 것이다. 그것이야말로 이 특별한 은유를 매우 강력하게 만든다. "집"이라는 용어는 그간의 억압적인 관계에 연루되었기에, 집이라는 이미지를 파트너십의 권위에 대한 은유로 선택할 때 우리를 놀라게 한다. 그러나 "자유"라는 용어가 우리의 상상력을 사용하여, 개인과 하나님의 세계 가정의 사회적이고 정치적 구조 안에서, 어떠한 집이 자유와 연관될 수 있는가를 볼 수 있게 한다.30) 정해진 시간과 공간 속에서 인간 공동체의 구조가 1세기 로마 제국 때처럼 모든 것이 매우 혼란스러울 경우 그때는 지배의 패러다임과 대결할 수 있는 방식들을 검토해야 할 때이다. 나는 이 과제를 염두에 두면서, 한나 아렌트가 "지난 두 세기는 자유가 거할 수 있는 새로운 집을 세우고, 자유롭게 되고자 하는 열망이 역사를 통틀어 그 선례가 없으며 그 이전의 어떤 때와도 비교할 수 없는 가장 강하게 나타난 때이다"라고 한 말이 옳기를 바란다.31)

---

29) Delores S. Williams, "Black Women's Literature and the Task of Feminist Theology," in *Immaculate and Powerful: The Female in Sacred Image and Social Reality*, ed. By Clarissa W. Atkinson, Constance H. Buchanan, and Margaret R. Miles (Beacon Press, 1985), 101-102.
30) Nelle Morton, *The Journey Is Home*, 152-155.
31) Hannah Arendt, *On Revolution* (Viking Press, 1965), 28.(우리말 번역:『혁명론』, 홍원표 옮김, 한길사)

3장

명명(命名)의 힘

몇 년 전, 나는 코네티컷 주 스탬포드(Stamford) 제일장로교회에서 있었던 남부 뉴잉글랜드의 노회에 참석했었다. 그 교회는 고래 모양으로 설계되어, 요나가 머물렀던 바다 깊은 곳을 스테인드글라스로 나타낸 예배당이 있었다. 그렇게 인상적으로 설계된 둥근 천장의 예배당에서 실무 작업을 하는 것이 조금 꺼려지긴 했지만 나는 마지막 예배에 많은 기대를 갖고 기다리고 있었다. 예일 대학교 신학부 출신 두 명의 여성들이 안수 후보자로 인정되었는데 아마도 당시로서는 조심스럽게 맞아들여졌을 것이다. 드디어 예배가 시작되었고 성서 말씀은 삭제하지 않은 개정표준역(RSV)으로 시편 8편이 낭독되었다.

사람이 무엇이기에 주님께서 이렇게까지 생각하여 주시며,
사람의 아들이 무엇이기에 주님께서 이렇게까지 돌보아 주십니까?

설교자가 설교하기 위해 높은 단으로 올라갔을 때 그 여성들은 아래에 앉아 있었다. 그 여성들을 맞이하는 시간이 되자 "사제와 수사들"(Fathers and Brethren)이 성단 위에서 예배를 인도하고 그 여성들은 계단 위에 무릎을 꿇었다. 장로회 법에 따라 여성들에게 안수가 허락되었고,

안수 허입 예식(reception liturgy)에서 그들이 여자라는 것을 분명히 규명하기 위해 여성 대명사가 사용되었다. 하지만, 그 예식에서 이름을 부른다는 것, 그리고 이미지화(imaging)한다는 것의 위력은 어떠한가? 나중에 몇몇 사람들과 뜻을 같이 하여 그런 힘에 반대했지만, 예배 의식에서 사용하는 종교적 언어와 상징이 오랫동안 지속되어 만연하고 있는 신에 대한 그리고 인간의 행위에 대한 모델을 강화시켜 왔음을 알게 되었다.1) 지배의 종교적 패러다임은 여전히 건재하였다.

가부장적 종교, 사회, 정치제도를 강화하는 지배와 복종의 언어와 상징은 성서에서 뿐 아니라 우리 가운데서도 발견된다. 예를 들어 시편 8편은 하나님과 인간이 인생의 무대에 배우들이라고 서술하고 있으며, 많은 예식의 상황은 교회에서 듣고 보아온 인물, 장소, 상징, 언어 등을 통하여 이와 같은 인생의 무대를 자세히 표출해낸다. 이 시편을 번역한 대부분의 영어 번역본은 하나님 뿐 아니라 인류라는 언어에 남성 대명사를 사용한다. 게다가 이런 시편의 남성 대명사의 사용은 하나님을 최고의 자리에 두고 남성을 (킹 제임스 역에서는 천사들과 이야기를 나누며) 조금 낮은 자리에 둠으로써, 다른 모든 피조물들과 창조를 다스리는 자로 설명하는 창세기 1장의 해석을 반영한다. 이 찬양 시편이 가진 아름다움에도 불구하고, 예배 때 사용하는 이 시편이 때때로 파트너십의 패러다임을 찾고 있는 사람들에게는 문제가 되기도 한다. 하지만, 아마도 시편 8편은 하나님-말씀(God-talk)과 인간-말(human talk)이라는 주제가, 씌어진 말씀(written word), 실행된 말씀(acted word), 그리고 선포된 말씀(spoken word)이 자신들의 삶을 반영하고 형성한다는 것을 경험한

---

1) Clifford Geertz, "Religion as a Cultural System," in *Reader in Comparative Religion*, 2nd (rev.) ed., By William Lessa and Evon Vogt (Harper&Row, 1972), 204-216. Carol P. Christ and Judith Plaskow, eds., *Woman Spirit Rising: A Feminist Reader in Religion*, 2에서 인용함; 또한 7을 보라.

유대교와 기독교 페미니스트들에게 왜 중요한지를 이해할 수 있게 한다.

이렇게 이름을 짓는 것, 이름을 부르는 것(naming)의 힘은 공동체에서 수행되고 있는 힘과 권위에 대한 페미니스트적 이해에 관한 함축적 의미를 갖고 있다. 우리가 살펴 본 대로, 힘이란 의도한 목적을 성취하는 능력이고, 우리의 현실에 이름을 부여하는 힘은 의도하는 목적을 성취하게 한다. 개들이 먹는 음식에서부터 별들의 전쟁에 이르기까지, 어떤 광고주가 우리로 하여금 구입하도록 언어와 상징을 통해 상품에 어떻게 이름을 짓는지에 대하여 우리는 단지 텔레비전이나 신문을 볼 수 있을 뿐이다. 명명한다는 것은 사회의 경제, 사회, 종교 지도자들이 원하는 목적을 성취할 수 있는 강력한 도구가 되기 때문에 커뮤니케이션은 일종의 산업이라고 할 수 있다.

이름을 부여하는 사람들이 바로 이와 같은 형태로 합법적 권리나 통제권을 가진 사람들이라는 것이 이해될 때, 힘의 강화가 이런 명명의 힘과 관련된다는 것을 알 수 있다. 가끔씩 누군가가 인종차별적 언어나 노골적인 거짓말에 참을 수 없게 되면, 그 화자나 미디어의 권위를 의문시하게 된다. 하지만, 우리는 보고 듣는 모든 것마다 묻는다는 것을 꺼려하며, 우리에게 가난한 사람들은 게으른 거짓말쟁이이며, 여인들은 성적 노리개이고, 폭력은 매력적인 것이며, 에이즈 희생자들은 하나님의 벌을 받고 있고, 농부들은 밭을 빼앗길 만 했으며, 제3세계 사람들은 착취 받아 마땅하다고 확신시키려고 하는 설득자들의 숨은 의도에 대해 묻기를 꺼려한다. 우리가 듣는 것에 대해 묻기를 거부함으로써 우리는 이 세계에 이름을 부여하는 사람들의 권위를 지지하고 있는 것이다.

우리 그리스도인들은 하나님 말씀의 권위, 즉 세상에서 논하는 일반적인 이야기와는 전혀 다른 이야기를 하고 있는 권위 아래 살고 있다.

역설적이게도, 전혀 다른 이 이야기가 시편 8편에 나타나지만 우리의 머릿속에는 이미 낡은 패러다임이 작용하고 있기 때문에 그 전혀 다른 이야기를 잘 듣지 못한다. 시편 기자가 말하고 있는 이 다른 강력한 하나님-이야기(God-talk)는 하나님께서 인간을 얼마나 귀하게 여기시는지를 이야기할 뿐만 아니라 하나님의 천지 만물을 돌보는 파트너의 책임을 실천함으로써 하나님을 찬양하도록 우리를 권고하고 있다.2) 말씀의 권위와 강력한 하나님-이야기에 대한 기독교적 이해로 옮기기 전에, 말과 힘의 연관성, 그리고 교회와 사회에서 사용하는 언어의 중요성에 대해 좀 더 자세하게 살펴보고자 한다.

말(word)과 힘

18세기 이래로 언어학자들은 언어란 우리가 생각하는 방식에 영향을 주며, 그 언어는 말하는 사람의 문화에 의해 형성된다는 것을 인식했다. 언어와 문화 그리고 인간의 사고가 역동적으로 상호 연결되었다고 주장하는 사피어/워프(Sapir/Whorf) 가설은 20세기의 언어 연구에 지대한 영향을 준 이론으로서 언어학자들은 이 이론을 실제로 실험해보았다.3) 커뮤니케이션 전문가들만이 유일하게 언어가 지니고 있는 힘을 인

---

2) Letty M. Russell, "Inclusive Language and Power," *Religious Education* 80(4): 582-602 (Fall 1985)을 보라. 이 글의 자료는 허락 하에 3장에서 사용된다. 시편 8편에 대한 긍정적 견해를 더 보려면 Letty M. Russell, *Becoming Human* (Westminster Press, 1982), 35-37을 보라. (우리말 번역:『인간화』, 장상 옮김, 이화여대 출판부)

3) Joshua A. Fishman, "Whorfianism of the Third Kind: Ethnolinguistic Diversity as a Worldwide Societal Asset (The Whorfian Hypothesis: Varieties of Validation, Confirmation, and Disconfirmation II)," *Language in Society,* vol. 2 (1982), 1-14 참고. *Selected Writings of Edward Sapir in Language, Culture, and Personality,* ed. By David G. Mandelbaum (University of

식한 것은 아니다. 흑과 백, 부와 빈곤, 자연과 인간, 그리고 남자와 여자 사이에 힘의 균형을 변화시키고자 노력해 온 많은 사람들은 말(talk)이란 그저 단순한 말(talk)이 아니라는 것을 발견하였다. 왜냐하면 말(talk)은 사고와 행동과 연관되어 있기 때문에, 막대기와 돌처럼 언제나 당신을 해칠 수도 있기 때문이다. 아드리엔 리치가 이야기한 대로,

> 언어란 거리나 송유관, 혹은 전화 교환대, 전자레인지, 또는 방사능이나 복제 연구소, 핵발전소만큼이나 우리의 삶 속에서 실재적이고 구체적인 것이다.[4]

언어의 도둑질. 페미니스트 운동들은 우리 자신에 이름을 부여하는 것이 자신의 정체성과 사고와 행위를 주장하는 것과 관련되어 있다는 것을 알게 되었다. 평등을 위해 노력하는 여성들은 아드리엔 리치가 "언어의 도둑질"(theft of language)이라고 부르는 것이 여성들이 상대적으로 무기력하다는 것을 나타내는 것이라 생각한다.[5] 성차별적 언어를 바꾸고자 하는 노력은 단지 하버드 대학 언어학 교수가 "대명사 질투"(pronoun envy)[6]라고 설명한 것처럼 몇몇 과격한 여성들이 부리는 변덕스러움이 아니다. 이는 성차별적 언어와 사회 구조를 변화시키기 위해 신중히 연구된 정치적 행위다. 인간을 나타내는 총칭으로 "남자(he)-남

California Press, 1949); *Language, Thought, and Reality: Selected Writings of Benjamin Lee Whorf,* ed by John B. Carroll (Technology Press, 1956).

4) Adrienne Rich, "Power and Danger: Works of a Common Woman (1977)." *On Lies, Secrets, and Silence: Selected Prose 1966-1978* (W. W. Norton & Co., 1979), 246.
5) Ibid., 256 참고. Audrey Lorde, "The Transformation of Silence Into Language and Action," *Sister Outsider: Speeches and Essays* (Crossing Press, 1984), 40-44.
6) Harvard Crimson, Cambridge, Mass., 1971.

자(man)"를 쓰는 것은, 남자들은 본질적으로 우선권을 가져야 하기 때문에 문법학자들이 영국 의회를 설득해 1850년 법으로 만들었던 정치적 결과 때문이다. 이제 페미니스트들은 단수 명사로 된 "그들"(they)이라는 총칭의 초기의 사용으로 돌아가기를 원한다.7) 페미니스트들만이 그 입장에 서있는 것은 아니다. 옥스퍼드 영어 사전은 이미 총칭으로서의 "남자"(man)는 1971년 판에서는 사라졌다고 주장했다. 언어에 나타난 젠더라는 언어주석 참고 목록에서 1900년부터 1960년까지는 20개의 논문이, 그리고 1960년에서 1975년까지는 겨우 230개에 불과하던 것이, 1975년부터 1983년까지는 1,000여 개 이상의 논문이 있다는 것은 결코 우연한 일이 아니다.8) 억압당하는 다른 부류들과 더불어 여성들은 언어란 엄청난 힘이 있다는 것을 깨달았으며, 언어학자 베리 톤(Barrie Thorne)의 말을 아주 진지하게 받아들인다.

> 수억만 사람들이 매일 사용하는 언어의 -- 한 계층의 천체 인간을 비난하거나 혹은 무시할 수 있는 경향을 갖고 있는 -- 사회적 결과는 엄청나게 파급적 효과를 갖는다.9)

---

7) Ann Bodine, "Androcentrism in Prescriptive Grammar: Singular 'Theory', Sex-indefinite 'He,' and 'He or She,'" *Language and Society,* 4:129-146(1975).
8) "Sex Differences in Language, Speech, and Nonverbal Communication: An Annotated Bibliography," in *Language and Sex: Difference and Dominance,* ed. By Barrie Thorne and Nancy Henley (Newbury House Publishers, 1975), 205-309; "Sex Similarities and Differences in Language, Speech, and Nonverbal Communication: An Annotated Bibliography," in *Language, Gender, and Society,* ed. By Cheris Kramarae, Barrie Thorne, and Nancy Henley (Newbury House Publishers, 1983), 153-332.
9) Thorne and Henley, *Language and Sex,* ix. 언어의 역사와 이론에 관한 자료에 대하여는 콜럼비아 티처스 칼리지에서 종교교육과 언어로 Ph.D. 과정에 있는 Shannon Clarkson에게서 도움을 받았다. "Language, Thought, and Social Justice," ed. By Shannon Clarkson, Task Force on Education Strategies for

힘이라는 낱말과 언어라고 하는 낱말은 기본적인 사전적 의미까지도 서로 관련이 있음을 드러낸다. 대부분의 사전에서 힘에 대한 첫 번째 정의는, 힘을 지배(domination)로 설명한다. 적어도 페미니스트 사상가들에게 힘은 다른 사람들의 힘을 향상시키기 위해 힘을 부여(empowerment)하는 데 활용될 수 있다는 것이 명백하지만, 사회적 상호 관계에서는 보통 다른 사람들 위에 군림하는 힘으로 간주된다.10)

우리가 살펴본 대로, 사회를 통제하는 가장 중요한 형태는 인간의 언어이다. 어떤 사회든지 엘리트들은, 언어의 규범만 세우는 것이 아니라 대개는 교육과 의사소통을 위한 자료들까지도 통제하여, 사회적 세상과 자연적 세상을 설명하고, 서로 다른 성, 인종, 계급, 종(species)들의 위치를 배열할 수 있는 힘을 가지게 된다.11)

비록 라틴어의 어근에서 말(word)이란 특정한 문화 그룹에서 혀의 사용과 말의 유형을 가리킨다고 지적하지만, 더 정확히 말해서 인간의 언어는 생각과 감정을 의사소통하기 위해 사용되는 표시, 이미지, 소리, 몸짓, 기호, 표현 등으로 이해된다. 그런 의사소통은 인간 본성의 본질적 부분이며, 다른 사람들과의 관계를 세우고 공동체의 관계에서 개인적 정체성을 발견하는 수단일 뿐 아니라, 우리의 사고(thought)를 위한 은유까지도 제공한다. 다른 사람들과의 의사소통을 통해 우리는 주변의 세상에 이름을 붙이거나 의미를 더하며, 우리 자신을 그 세계의 일부로

---

an Inclusive Church, Division of Education and Ministry, NCCC, N.Y., 1986. 참고.

10) Jean Baker Miller, *Toward a New Psychology of Women* (Bacon Press, 1976), 116; Elizabeth Janeway, *Powers of the Weak*, 109.

11) Anne Wilson Schaef, *Women's Reality: An Emerging Female System in the White Male Society* (Winston Press, 1981) 참고. *Language and Power*, ed. by Cheris Kramarae, Muriel Schulz, and William M. O'Barr (Sage Publications, 1984).

이름을 짓는 것을 배운다.

"언어의 도둑질"과 실재에 이름을 짓고 주장하며 현실을 바꾸는 결과적 힘을 고려한다면 의사소통의 형태가 매우 다양하다는 것을 기억하는 것이 중요하다.12) 그렇지 않으면, 우리는 인간관계가 오직 구어체 언어나 문어체 언어로만 이루어지고, 광범위한 학교교육이나 언어의 훈련 없이도 사람들과 이야기할 수 있는 또 다른 형태의 의사소통을 무시할 수 있음을 생각해야 한다. 종종 여성이나 사회의 주변부에 존재하는 사람들은 의사소통의 힘을 상실하는데, 그것은 그들이 다른 사람들과 관계 맺는 방식이 지배 그룹에 의해서 인정받지 못하기 때문이다. 마가렛 마일즈가 자신이 보는 서양 문화의 역사에서 지적한 대로,

> 언어를 사용하지 않은 자의 삶은, 언어 사용자들의 삶 못지 않게 사상이나 이미지로 체계화 되어있다. 언어를 사용하지 않는 자들의 생활을 역사적 이해에 있어 무가치한 것으로 무시해버린다는 것은 근대 주관적 의식의 선례들만을 가치 있게 여기는 교육을 받은 특권층의 엘리트들의 판단일 뿐이다.13)

힘과 언어. 힘과 언어의 상호관련성은 창세기 1장과 2장의 창조에 대한 두개의 설명(version)에서 이미 분명하게 나타난다. 창세기 1장 28절에서, 하나님은 남성과 여성에게 지구의 청지기로서 모든 창조물을 지배하도록 허락하신다. 창세기 2장 19절에서 흙으로 된 피조물은 모든 생물체들의 이름을 부름으로 동물세계가 흙으로 된 피조물에 종속됨을 강조한다. 필리스 트리블에 따르면, 이렇게 이름을 지음으로 지배하는

---

12) "Naming, Claiming, Changing Sojourneys with Black Women," 매사추세츠 보스턴에 있는 여성신학센터의 1984-85 강연과 웍샵 시리즈.
13) Miles, *Image as Insight*, 20.

명명의 공식은, 남자가 자신과 동등한 배필로 창조된 여자를 보고 기쁨을 나타내는 2장 23절에서는 사용되지 않는다.14) 다만 나중에, 창세기 3장 20절에서 타락과 관련하여, 종속을 의미하는 명명의 공식이 나타난다. 여기서 여자는 모든 생명체의 어머니인 하와라는 이름이 붙여진다. 하와는 그녀의 남편이 다스리는 집에 생명을 낳아준다.

힘은 언어가 사용되는 방법을 결정하는데, 그것은 자신들의 뜻을 수행할 수 있는 사람들이 여타의 문제들뿐 아니라 인간의 의사소통 가운데서 자신의 뜻을 수행하기 때문이다. 동시에 언어 자체는 지배와 종속의 위치를 만들고, 권위를 정당화하는데 강력한 힘이다. 사회에서 힘과 언어의 네트워크가 서로 맞물리는 방법을 엘리자베스 제인웨이가 그녀의 책『약한 자들의 힘』에서 잘 설명하고 있다:

체제적인 힘은 사회 속에서 우리를 하나로 묶는 중력처럼 작용한다. 그 힘은 언어와 마찬가지로, 어느 곳에나 도달하고, 우리 모두를 접촉하는 네트워크이다. 만일 언어가 우리가 서로 의사소통하기 위해 사용하는 기술이라면, 힘은 우리가 지금까지 만들어온 계획들을 수행하려고 교류하기 위한 과정이다.15)

언어가 갖고 있는 힘이 우리 사회의 현 체제를 반영하고 있다는 사실을 잘 나타내고 있는 예는 개정표준역(RSV) 성서 이야기와 교회를 성서적으로 구성된 신앙과 행동의 공동체로 지원하고 촉진하고자 하는 리더십과 자료들을 제공하는 미국 기독교교회협의회(National Council of the Churches of Christ), 교육과 목회 분과 위원회(Division of Education and

---

14) Trible, *God and the Rhetoric of Sexuality*, 88-105. (우리말 번역:『하나님과 성의 수사학』, 유연희 옮김, 태초)
15) Janeway, *Powers of the Weak*, 28.

Ministry)의 노력이다.16) 개정표준역(RSV) 위원회와 포괄적 언어 성서일과 위원회(Inclusive-Language Lectionary Committee)는 학문적 자원을 제공하려고 하였다. 그러나 이 두 경우를 볼 때, 언어와 사고 유형의 변화에 대한 저항은 사회와 종교적 변화의 두려움을 반영한 것처럼 보인다. 개정표준역 성서가 1946년에 출판되었을 때, 그 신약 사본을 태워버린 사람들이 있었을 뿐만 아니라, 개정표준역에 기초한 포괄적 언어 성서일과가 1983년 등장했을 때, 반감 섞인 메일을 보내거나 위협을 한 사람들도 있었다.

성서의 저작들은 다양한 문화 속에서 형성되었지만, 모두 가부장적 문화이었기 때문에, 성-포괄적인(sex-inclusive) 언어를 반영할 만한 원문을 기대할 수 없었다. 하지만, 번역이 현 시대적 언술 가운데서 메시지가 담고 있는 의미를 가능한 한도 내에서 정확하게 전달하는 것이 중요하다. 하나님께서는 남자와 여자를 똑같이 사랑하시며, 특별히 전통적으로 언어와 언어의 사회적 활용을 통해 사회와 신앙 공동체에서 쫓겨난 사람들도 사랑하신다는 메시지를 전하고자 하는 사람들에게는 성서의 포괄적 번역이 유용하다는 것 또한 매우 중요하다.

말씀의 권위

성서문자주의와 해석에 관하여 벌어지는 논의는 별반 새로울 것이 없다. 또한 성서를 문화와 언어의 변화만큼 자주 재해석하고 번역해야 하는 필요성도 더 이상 새로운 것이 아니다. 단지 이런 식으로 우리는

---

16) Emily V. Gibbes and Valerie Russell, "Foreword," *The Liberating Word*, ed. by Letty M. Russell, 9을 보라.(우리말 번역:『해방의 말씀』, 김상화 옮김, 대한기독교출판사) *An Inclusive-Language Lectionary,* Years A, B, C (John Knox Press, Pilgrim Press, Westminster Press, 1983, 1984, 1985).

새로운 상황과 맥락 가운데서 하나님의 말씀을 들을 수 있다. 새로운 것이 있다면, 이는 억압의 구조로부터 자신은 물론 다른 사람들을 해방시키려고 투쟁하는 여성들과 남성들의 수가 증가함에 따라 교회 안에서 행사되는 권위의 일부로서의 투쟁에 대한 통찰을 포함시키고 있다는 사실이다.

데이비드 켈시의 분석에 따르면, 성서가 신앙 공동체 내에서 의미를 갖는 것은 성서의 문자적 읽기를 통해서가 아니라, 우리의 동의를 불러 일으킴으로 우리의 신앙을 실천하도록 유도할 수 있는 권위에 대한 "상상적인 구성" 혹은 해석의 틀을 통해서이다.17) 켈시는 패러다임을 담론 공동체(a community of discourse) 안에서의 해석을 위한 모형으로 보다 좁게 이해하고 있다. 토머스 쿤이 지적한 대로, 패러다임은 가부장제(patriarchy)와 파트너십이라는 상반된 관점과 같은 일반적 세계관으로 기능하며, 상이한 신학자들이 성서적 권위에 대한 의미를 설명하기 위해 사용하는 구체적인 연구 모형으로서도 기능한다.18)

성서는 하나님의 임재를 히브리와 기독교 성서에서 진술하고 있는 것처럼 해방과 구원의 역사를 통해 알 수 있다고 이해하는 신앙공동체의 패러다임이나 모델 속에서 권위적으로 기능한다. 그러나 이외의 다른 공동체들은 이 이야기의 한 측면만을 더 강조한다. 로마 가톨릭의 성례전 신학, 개혁신학에서의 말씀, 퀘이커 신학의 성령 등 다양한 신학적 틀의 존재를 통해 분명히 알 수 있듯이, 하나님의 임재에 대한 의미를 구성하는 많은 방법들이 있다. 그럼에도 불구하고, 켈시에 따르면,

---

17) David H. Kelsey, *The Uses of Scripture in Recent Theology* (Fortress Press, 1975), 167-175, 194.

18) Thomas S. Kuhn, *The Structure of Scientific Revolutions*, 2nd ed., enl. (University of Chicago Press, 1970), 175.(우리말 번역:『과학혁명의 구조』, 김명자 옮김, 까치)

기독교 신학을 구성하는 패러다임이나 틀이 기독교 전통 내에서 성서를 해석하는데 권위적이라고 인식될 때 그 패러다임은 세 가지 제한점을 갖게 된다고 말한다. 즉, 그 패러다임이나 틀은 반드시 합리적이고 지적인 담론의 틀을 가져야 하고, 기독교 전통과 성서적 해석의 구조를 사용하여야 하며, 특정한 시간과 장소에서 '진지하게 상상 가능한'(seriously imaginable) 것을 말해야 한다.19)

페미니스트적 해석. 페미니스트 해석들은 매우 다양하며, 해석의 기준에 대하여 고민하고 있으며, 또한 자신들의 해석이 파트너십이라는 기독교 신학의 패러다임에 대한 동의를 이끌어 내고 있는가를 고민하는 해석자들의 특정 신앙공동체에 깊이 뿌리내리고 있다. 분명히 페미니스트 해석자들은 지적이고 합리적이며 논리적이기를 추구한다. 하지만, 우리가 패러다임의 논의에 대해 말한 것처럼, 많은 여성과 남성들은 추상적인 위계 구조적 사고와 언어 유형을 반대하는 투쟁을 통해, 해석의 방법이 바로 사유(reflection)와 행동의 귀납적 과정을 포함하게 된다고 주장하기에 이르렀는데, 이는 사유가 행위와 구체적 경험과 함께 결합되는 방식이 바로 일관성 있는 해석의 기준이 된다고 주장하게 되었다.20)

페미니스트 해석자들은 역시 전통과 성서적 증언들과 접촉하지만, 교회가 전통을 지키는 역할에 불성실한지 혹은 성서와 전통이 제대로 사용되는지 잘못 사용되었는지에 대해 철저한 물음을 한다. 이어지는 세대들의 삶을 형성해온 전통의 궤도에 대한 물음은 전통을 재구성하는데 있어 중요한 부분으로 간주된다. 과연 전통은 하나님께 순종하며 살

---

19) Kelsey, *Uses of Scripture*, 170-175.
20) Letty M. Russell, "Authority and the Challenge of Feminist Interpretation," *Feminist Interpretation of the Bible*, 137-146.

려고 애써온 사람들에게 피해를 주었는가 아니면 도움을 주었는가? 타종교 전통 궤도들이 인간들의 삶에 더 풍부한 생명을 부여하는지 알기 위해 타종교에 대한 연구가 진행된다.

투쟁의 공동체는 어떠한 해석을 페미니스트들이 진지하게 상상 가능한(seriously imaginable) 것으로 받아들일 것인지에 대하여 영향을 끼친다. 마가렛 팔리가 지적한 것처럼, 여성들과 억압받고 있는 다른 부류들의 삶에서 진지하게 상상 가능한 것을 말하는 것은, 성차별주의자이며, 인종차별주의자이며, 계급차별주의자인 하나님이 과연 하나님인가 하는 물음을 불러일으킨다.21) 나로서는, 창조를 수정해 가는 인간들을 위하여 파트너 되기를 거부하시는 하나님을 상상할 수가 없다. 그러므로 나는 권위의 패러다임 가운데서 '진지하게 상상 가능한' 것을 성서 해석의 원칙으로 삼는 것을 포함하여, 인류의 온전함을 위해 투쟁해오고 있는 사람들의 관점으로부터 성서를 읽는다.

성서를 해석하고, 말씀의 권위를 명확히 규명하고자하는 노력들은, 하나님의 성령이 믿음의 공동체 안에 있는 우리에게 말씀하실 수 있는 방법에 우리가 계속 마음을 열려고 애쓸 때 계속해서 이어진다. 하지만 특정한 성서 해석이 어떻게 신앙과 투쟁의 특별 공동체 안에서 동의를 불러일으키는가에 대해 이처럼 간단히 설명하는 것은, 사람들의 은유에 대한 이해와 사용이 그들의 특별한 신앙 공동체와 직접적으로 관련되어 있고, 다른 논리들에 의해 쉽게 사라지지 않는다는 것을 알려준다.

이는 또한, 성서의 적절한 사용과 해석에 대한 논의는 사람의 일반적 세계관이나 패러다임의 문제에 기초하고 있음을 알려준다. 우리가 적절하다고 생각하는 것은 바로 우리가 하나님과 세계 그리고 교회를

---

21) Margaret A. Farley, "Feminist Consciousness and the Interpretation of Scripture," in Russell, ed., *Feminist Interpretation of the Bible*, 41-51.

지배의 고정된 피라미드 유형에 따라 이해하는지, 혹은 다원주의적 무지개 파트너십에 따라 이해하는지에 직접적으로 관련된다. 전자는 하나님의 말씀을 보호하고, 교리를 통해 해석하려는 권위로 나타나지만, 후자는 하나님의 말씀을 현실화하고 신앙과 투쟁을 이야기함으로 해석하려는 권위로 나타난다.

아마도 성서적 권위의 기능에 대한 이런 설명은 포괄적 언어의 문제가 단지 말의 문제라기보다는 오히려 사람들이 자신의 신앙을 이해하고 그 신앙을 실천하는 방법을 결정하는 해석의 패러다임이나 그 틀의 문제로 이해하는데 도움이 될 것이다. 이것이 그리스도인들의 신앙의 토대가 성령의 지속적인 힘과 임재를 통한 예수 그리스도 안에서의 하나님의 자기계시라는 것을 부정하는 것은 아니다. 기독교 신앙이 주장하는 토대는 생명과 사랑의 원천이신 하나님이 계시며, 그 하나님께서 친히 선포된 말씀 그리고 행해진 말씀으로 자신을 나타내기로 결정하셨다는 것이다.

하나님의 말씀. 그리스도인들은 흔히 성서를 "하나님의 말씀"(Word of God)이라고 말하는데, 이는 성서가 그들의 삶과 행위에 대한 권위의 원천이기 때문이다. 그들은 하나님께서 성서의 이야기를 통해 기독교 공동체에게 말씀하신다고 생각한다. 하지만, 어떻게 이런 일이 일어나는지를 설명하는 데에는 몇 가지 중복되는 면이 있다. 사람들은 종종 하나님의 행위에 대한 증거가 되는 성서에 관하여, 특히 살아계신 말씀(Living Word)이라 부르는 분의 복음에 대하여 "하나님에 관한 말씀"(Word of God)이라는 용어를 사용한다. 성서는 또한 하나님의 말씀(God's Word)으로 이해되는데, 이는 신앙과 투쟁의 사람들이 성서를 생명을 주는 것(life-giving), 곧 힘의 원천이요, 삶의 토대로 경험해 왔기 때문이다.

셋째, 성서의 메시지는 하나님의 영에 의해, 삶을 변화시키는 살아있는 말씀으로 감동받을 때, 하나님의 말씀으로 들린다. 마지막으로, 성서는 혼합된 메시지임에도 불구하고, 그리스도인들이 하나님의 신실한 말씀 또는 언약의 충실함을 신뢰하며, 충성과 순종이라는 그들 삶의 맥락에서 신실하게 응답하기 위해 성서 본문과 씨름하고 있기 때문에 성서는 믿을 만한 것으로 여겨진다. 필리스 버드가 성서에 대해 말한 것처럼,

> 우리가 말씀을 연구하고 묵상하며, 물음을 던질 때, 그리고 우리 삶의 여정 가운데 동행하시고 우리와 빵을 나누시는 낯선 자(Stranger)가 우리를 위해 그 말씀을 여실 때, 성서는 교회가 하나님께서 말씀하시는 것을 듣고, 하나님의 임재를 인식하는 곳이다.22)

하나님 말씀에 대한 이런 이해들은 모두 페미니스트 해석과 언어변화에 관한 연구와 일관성을 갖는다. 페미니스트 해석과 언어변화에 관한 연구의 목적은 신앙의 이야기가 형성된 가부장적인 역사적 맥락에도 불구하고 성서의 메시지가 하나님의 말씀으로 들리도록 하는 것이다. 한편으로, 기독교 페미니스트들은 성서는 어쩔 수 없이 성차별적이며, 여성들에게 해로운 영향을 끼친다고 인정한다. 신앙과 투쟁의 공동체에 속한 그들 페미니스트들은 사랑의 힘으로 권위를 나타내시는 하나님께 호소하며, 가부장적인 지배의 힘을 통해 통치하시는 하나님을 강력히 거부한다. 포괄적인 언어를 연구하는 사람들의 진정한 요구는 지배가 아닌 다양성, 즉, 어떤 이미지나 모델도 하나님과 인간의 본질을 결정할 수 없다는 취지의 참된 다양성을 원한다.

---

22) Phyllis A. Bird, *The Bible as the Church's Book* (Westminster Press, 1982), 107-108.

강력한 하나님 이야기(God-talk)

많은 사람들이 하나님을 설명하기 위해 사용되는 언어를 바꾸는 것은 이단적인 것이며, 성서의 권위는 완결된 정경과 그 본문의 축자영감에 의해 좌우된다고 믿고 있다. 이 특별한 해석 방법이 성서가 정경이라든지, 성서가 신의 영감으로 이루어졌다는 것을 인식하는 데 반드시 필요한 것은 아니다. 필리스 버드에 따르면, 정경이란 정확한 책의 숫자를 의미하는 것이 아니라, 교회가 신앙을 위한 권위로서 받아들였다는 것을 가리키는 것이다. 정경으로 선택한 책들은 사도들의 증거에 그 규범적 토대를 갖고 있는 것이지, 성령께서 단지 그 특별한 책들에게만 영감을 부어주셨다는 배타적 주장에 근거한 것이 아니다.[23]

그러나, 문자적 영감과 완결된 정경을 성서가 갖는 권위의 패러다임의 일부로 포함하면서도 하나님에 대한 우리의 언어를 보다 포괄적으로 만드는 것이 시급하다고 여기는 사람들이 있다. 이런 복음주의적 페미니스트의 위치를 잘 보여 주는 예는, 버지니아 레이미 몰렌코트의 책,『신의 여성성』이다.[24] 그녀는 우리가 말하는 하나님 이야기나 신학의 많은 부분이 부권을 재차 강조하고 정당화하는 성차별주의의 일부로 보는 많은 사람들과 뜻을 같이 한다.[25] 캐롤 크리스트가 말한 대로 "하늘에 계신 하나님은 신적 존재의 모델이며, 남성에게 종속된 여성을 나타내는 모델"이라는 것이다.[26]

---

23) Ibid., 33-37.

24) Virginia Ramey Mollenkott, *The Divine Feminine: The Biblical Imagery of God as Female* (Crossroad Publishing Co., 1983).

25) *Daughters of Sarah* 11(2) (March/April 1985) 이 발행 호 전체가 "하나님의 이미지에 관한 포괄적 언어"의 논쟁을 다룸. *Union Seminary Quarterly Review,* 40(3)(1985) 참고. 이 발행 호 전체가 "종교 언어"에 대한 주제를 다룸.

물론 신학이 하나님에 대해서 단지 이야기를 하는 것만은 아니다. 하나님에 대해 생각할 때 우리는 세계 속에서 그리고 세계를 통한 하나님의 자기 계시를 이해하기 위해 우리의 자아 전체와 언어, 문화, 경험, 전통을 이용한다. 우리가 하나님에 대해 생각하는 방식은 우리 삶의 모든 측면 곧, 인종, 나이, 국적, 성, 성적 지향, 종교와 경제적 배경, 사회 집단, 및 교육 등에 의해 영향을 받는다. 하나님에 대해 생각하는 방식이 우리 자신과 세계에 대해 생각하는 방식과 관련하여 더 이상 진지하게 상상할 수 없을 경우 우리는 "인식적 불협화음"(cognitive dissonance)을 경험하게 된다. 만일 이런 일이 생길 때 하나님에 대한 신학적 이해를 무시하거나 완전히 폐기하지 않으려면 하나님에 관한 신학적 이해를 바꿀 필요가 있다. 그런 노력은 앨리스 워커의 소설 『칼라 퍼플』에 나오는 셀리(Celie)의 이야기에서 찾아볼 수 있다. 소설의 거의 끝부분에서 셀리는 하나님을 잿빛 수염이 달린 커다란 백인 남자의 모습으로 여기는 것을 놓고 슈그(Shug)와 논쟁을 벌인다. 슈그가 대답하기를,

> 성서를 읽고 하나님을 백인이 아니라고 생각할 수 있을까하고 그녀는 말했다. 그러면서 한숨을 내쉰다. 하나님은 백인이며 남자라고 생각했음을 깨닫자, 그만 흥미를 잃고 말았다. 너는 그가 네 기도를 듣지 않을 거라는 것 때문에 화가 났구나. 흥! 과연 그(백인) 시장이 유색 인종이 하는 말을 귀담아 듣기나 할까?[27]

대안적 은유. 이것은 오늘날 많은 여성과 남성들이 처한 상황이다. 그들은 하나님을 "위대한 백인 아버지"로 상상할 수 없다고 주장하는

---

26) Christ and Plaskow, eds., *Womanspirit Rising*, 3.
27) Walker, *The Color Purple*, 165-168.(우리말 번역: 『칼라 퍼플』, 안정효 옮김, 한빛문화)

것은 아니다. 그러나 이런 이미지가 더 이상 그들을 위한 강력한 하나님-이야기는 될 수 없으며, 그런 이미지가 백인들을 유색인종 위에 군림하도록 힘을 강화시키는 데 이용되어서는 안 된다고 주장한다. 하나님에 대한 이런 은유가 부적절하거나, 시대착오적이지 않다고 보는 사람들조차도 그것이 우상숭배적일 수 있다고 생각하고 있다. 샐리 맥페이그가 지적한 대로, 문제는 하나님이 아버지로 이미지화되었다는 것이 아니라, 우리가 하나님 통치의 메시지를 가부장적 메시지로 바꾸어, 아버지를 기독교의 근본 은유의 하나로 만들었다는 데에 있다.

"하나님 아버지"가 신에 대한 흔한 명칭이라는 것이 문제가 아니라, 하나님과 인간, 인간과 인간의 전체 구조가 가부장적 틀 속에서 이해된다는 것이다.28)

로버트 해머턴-켈리에 의하면, 가부장적 강화는 하나님을 "아바"라고 말한 예수의 의도와는 전혀 상반된 것이다. 그는 예수께서 하나님을 "아버지"로 부른 의도 속에는 기존의 가부장적 가족 구조와는 다른 형태를 의미하는 것으로, 하나님이 통치하시는 새로운 가정의 자유와 사랑을 강조하고자 했다는 것이다.29) 하나님은 우리의 모든 은유를 초월해 계시기 때문에, 편협하게 가부장적 권위와 동일시되는 은유의 사용을 피하는 것이 중요하다. 고정된 하나의 은유나 주장만을 펼친다면 이는 우상숭배를 조장하게 된다. 우리 시대에 다양한 은유와 해석을 위한 연구가 시작되면서 복음서가 말하는 하나님, 다시 말해 지배와 착취의 구조를 없애고 새로운 공동체를 창조하심으로 재창조하시는 하나님을

---

28) McFague, *Metaphorical Theology*, 9, 145-152 참고.
29) Robert Hamerton-Kelly, *God the Father: Theology and Patriarchy in the Teaching of Jesus* (Fortress Press, 1979), 100-104.

더 잘 그려내고자 한다(눅 1:46-55).

　여기서 많은 사람들의 어려움이 나타난다. 예를 들어, 예일 대학교 신학부의 "페미니스트 신학과 윤리" 수업에서, 한 여성이 자신의 교회에서 송영(Doxology) 끝부분에 "창조자, 아들, 그리고 성령"으로 부르는 것에 대해 불평했다. 그 여학생은 "아버지는 바꾸면서, 왜 아들은 바꾸지 않느냐"고 물었다. "우리는 어디에 선을 그을 수 있는가?" 실제로, 한 하나님 안에 계신 삼위 모두가 성을 초월하는 것처럼 부활하신 그리스도가 성(sexuality)을 초월하는 표시로 "아들"을 "그리스도"로 바꿀 수 있었을 것이다. 그리고 분명히 "거룩한 영"(Holy Ghost)이 "성령"(Holy Spirit)에 대해 더 이상 선호되는 번역이 아니다. 그러나 모든 것이 말해지고 이뤄질 때, 물음 자체는 포괄적인 언어와 사고에 커다란 걸림돌이 된다.

　여성의 물음은 기존의 남성 중심적 위계구조에 종속되지 않는 사람들을 소외시키고 이를 정당화하는 데 사용된 가부장적 패러다임에 기초하고 있다. 가부장적 사고방식이 무엇이 진리인지를 결정하고 경계선을 나눌 때 경계선 바깥에 있는 사람들은 갑자기 이교도가 된다. 하지만 신학적 경계들은 언제나 인간 문화의 변화에 반응하면서 움직이고 있다는 것을 우리는 잘 알고 있다. 따라서 분명한 경계선들이란 거의 있을 수 없기 때문에 권위의 문제 또한 경계선으로 나누는 방식으로 다루지 않는 것이 더 좋을 것이다. 기독교 신앙에는 중심(예수 그리스도께 대한 헌신)과 원(해석학적 순환)이 있다. 모든 신학적 해석은 다른 모든 것에 영향을 주기에 우리는 계속해서 우리 헌신의 중심에 충실한 은유와 모델을 창조하려고 노력하면서 원 주위를 계속해서 움직인다.

　은유는 하나님과 하나님의 형상에 따라 남성과 여성으로 창조된 우리 자신에 대해 생각하는 방법을 결정하기 때문에 우리가 사용하는 은유는 강력한 하나님-이야기가 된다. 고든 카우프만이 말한 대로, "하나님-이야기를 하는데 개념적이고 상징적인 상상의 요소들이 진지하게 사용되고 있기 때문에 우리가 이것을 인식하지 못한다면 우리의 이해는 잘못되고 왜곡될 것이다."30)

기독교 페미니스트들은 다른 종교뿐 아니라 성서와 기독교 전통에도 풍부하게 있는 하나님에 대한 수많은 은유들을 지적하는 데 주저하지 않았다. 메리 데일리는 하나님에 관한 전혀 새로운 여성적이며 생태학적인(gyn/ecological) 언어를 만들었다.31) "하나님-이야기"가 엄청난 억압의 도구가 된다는 것을 발견하고 이의 기저가 되는 남성 은유로부터 완전히 해방되어야 한다고 생각하는 후기 기독교 및 후기 유대교 페미니스트들의 숫자는 점점 증가하고 있으며, 이들에게 메리 데일리의 연구는 근본적 토대가 되고 있다. 이들은 "만일 하나님이 남성이면, 남성은 하나님"이라는 메리 데일리의 주장에 주의를 기울이며 여신에 대해 말하기 시작했다.32)

심지어는 기독교 전통 내에서조차 페미니스트 신학자들은 하나님을 여신으로 생각하는 것에 대한 타당성을 인식하기 시작했다.33) 이를 잘 드러내고 있는 훌륭한 예는 팔십대의 페미니스트 신학자, 넬리 모턴

---

30) Gordon D. Kaufman, *The Theological Imagination: Constructing the Concept of God* (Westminster Press, 1981), 14.
31) Mary Daly, *Gyn/Ecology: The Metaethics of Radical Feminism* (beacon Press, 1978).
32) Mary Daly, *Beyond God the Father: Toward a Philosophy of Women's Liberation* (beacon Press, 1973), 19 참고.(우리말 번역:『하나님 아버지를 넘어서』, 황혜숙 옮김, 이화여대 출판부) Carol P. Christ, "Why Women Need the Goddess: Phenomenological, Psychological, and Political Reflections," *Womanspirit Rising*, 273-287.
33) Rosemary Ruether, "Feminist Theology in the Academy," *Christianity and Crisis* 45(3)57-62 (September 1985).

의 글들에서 나타난다.『여행이 가정이다』에서 그녀는 "여신을 은유적 이미지"(Goddess as Metaphoric Image)로 묘사한다.34) 모턴에 따르면, "여신-이야기"(Goddess-talk)의 강력한 측면은 남성뿐 아니라 여성들을 자유롭게 하며 치유하는 신적 은유를 제공한다고 주장한다. 이 이야기가 전혀 이교적이지 않은 이유는 우리의 창조주요, 해방자이며 변호자가 되시는 분이 문자적으로 아버지나 어머니, 혹 남신 또는 여신이라고 주장하지 않기 때문이다. 이 이야기는 단지 맹목적으로 하나님에 대하여 남성 은유만을 사용하고자 하는 우상 숭배적 하나님 이야기에 반대하여 진정한 하나님을 이야기하기 위하여 우리의 언어에 신/여신에 대한 공간을 마련하고 있다.

다른 신학자들의 경우 대니얼 미글리오리가 묘사한 최고 군주의 이미지 같은 신의 권능에 대한 왜곡된 이미지를 극복하기 위해 연구하고 있다.35) 로즈매리 류터는 케노시스(kenosis) 혹은 군주적 힘을 비우는 것이 중요하다는 것을 강조하기 위해, "아버지의 케노시스"(The Kenosis of the Father)라는 제목의 페미니스트 미드라쉬로 자신의 책『성차별과 신학』을 시작한다. 류터의 이야기는 영원한 위계구조라는 신화의 힘이 예수 추종자들 사이에서도 너무 널리 그리고 깊게 퍼져있어 예수 그리스도 안에서 하나님 힘의 변혁과 자기 비움(self-emptying)을 거의 시도할 수 없었다는 것을 설명한다.36) 다른 사람을 통제하는 힘으로부터 다른 사람을 격려하고 고취시키는 힘으로 변형시킬 수 있는 이미지와 언어를 찾으면서 나는 파트너로서의 하나님이란 이미지를 사용해 왔으며, 다른 신학자들 역시도 비슷한 관계적 은유를 사용한다. 예를 들어, 카터 헤이

---

34) Morton, *The Journey Is Home*, 147-175.
35) Daniel L. Migliore, *The Power of God* (Westminster Press, 1983), 34.
36) Ruether, *Sexism and God-Talk*, 1-11.

워드는 그의 책 『하나님의 구속』에서 "관계적인 힘"으로의 하나님을 이야기하고 있으며, 샐리 맥페이그는 "아버지" 하나님에 대한 대안으로 "친구" 하나님을 제안한다.37)

신적 지혜. 또 다른 대안적 은유는 소피아 혹은 신적 지혜(히브리어로 호크마 *hokhmah*)이다. 지혜를 여성적인 위격이나 하나님의 적극적인 임재의 인격화로 이해하는 것은 이집트와 수메르 그리고 바빌론과 나중에 로마 제국의 유대인 디아스포라의 종교적 정황에 반응하면서 발전하였다.38) 기원전 1세기에 이르러, 지혜는 그리스적 유대교에서 매우 영향력 있는 형상이 되었다. 조안 챔버린 앵겔스맨에 따르면, 필론(Philo)과 같은 저술가가 그리스의 남성적 로고스의 개념을 통한 창조에 있어서도 소피아의 선재적 역할을 표현하고, 지혜를 신적 형상으로 영적 의의를 부여하며, 육체 안에서의 성육신적 차원을 악의 여성적 인격화로 강조함으로서, 유대교 신학의 측면을 억누르려고 할 정도로 소피아는 충분히 강력한 신적 존재였다.39) 그럼에도 불구하고 지혜에 관한 글은 욥기 28장과 잠언 1-9장, 그리고 야고보서과 같은 유대경전과 기독교 정경에서 발견된다. 레이몬드 브라운에 따르면, 지혜의 글들은 골로새

---

37) Isabel Carter Heyward, *The Redemption of God: A Theology of Mutual Relation* (University Press of America, 1982), 1-2; Mcfague, *Metaphorical Theology*, 188-192.
38) Kristen E. Kvam, "Sophia, Christology, and Inclusive Language," 미출간 STM 논문, Yale Divinity School, September 1, 1985 참고. James D. G. Dunn, *Christology in the Making: A New Testament Inquiry Into the Origins of the Doctrine of the Incarnation* (Westminster Press, 1980), 176.
39) Joan Chamberlain Engelsman, *The Feminine Dimension of the Divine* (Westminster Press, 1979), 74-75 참고. Robert L. Wilken, ed., *Aspects of Wisdom in Judaism and Early Christianity* (University of Norte Dame Press, 1975).

서, 에베소서, 요한 서신들에도 이미 영향을 미쳤다.40) 다른 지혜의 글들은 외경과 위경에서 발견되며, 시락, 솔로몬의 지혜서, 바룩서, 에녹서와 같은 글들을 포함하고 있다.

엘리자베스 피오렌자는 자신의 책 『그녀를 기억하며』에서 소피아의 중요성을 하나님에 대한 대안적 은유로 강조한다. 그녀는 말하기를:

> 신적 소피아는 여신적 형태와 언어로 된 이스라엘의 하나님이다. 소피아는 자매, 아내, 엄마, 애인, 그리고 선생으로 불린다. 그녀는 길 위의 안내자요, 이스라엘의 설교가이며 임무완수자요 창조주 하나님이다.41)

피오렌자의 이해에 따르면, 초기 기독교 신학은 예수를 지혜의 전달자 혹은 지혜 그 자체로 해석하는 지혜론(Sophialogy)이었다. 복음서는 예수와 소피아를 연관시키는 몇 가지 언급을 한다. 예를 들어, 마태복음서 11장 30절에서의 쉬운 멍에, 요한복음서 1장 1-14절에서의 선재한 지혜 등이 그것이다. 이와 유사한 개념은 그리스도를 "하나님의 능력과 하나님의 지혜"로 동일시한 바울에게도 보인다(고전 1:24). 피오렌자는 빌립보서 2장 11절과 에녹서 43장 1-2절에서처럼, 초기 기독교 찬송가 속에서 병행구절을 발견한다.

> 소피아는 거할 곳도 찾지 못했네.
> 소피아에게 거할 곳은 하늘에 있었다네.
> 지혜는 인간의 자식들 사이에 거할 곳을 만들기 위해

---

40) Raymond E. Brown, *The Gospel According to John I-XII* (Double-day & Co., 1966), cxxii-cxxv.
41) Fiorenza, *In Memory of Her*, 133.

보냄을 받았지만
거할 곳은 찾지 못했네.
지혜는 그녀에게로 돌아와,
천사들 사이에 자리를 마련했다네.[42]

초기 기독교 공동체에서 소피아 기독론의 사용을 가리키는 소피아 원문들 가운데에서, 마태와 누가에 대한 공통 자료(Q)일 것으로 여겨지는 것이 발견되었다. 그 원문을 분석하면, 누가는 예수가 소피아의 전달자나 예언자라는 초기 Q자료를 계속해서 이어온 반면, 마태는 이미 예수와 소피아를 관련시키고 있었다는 것을 알 수 있다. 예를 들어, 누가복음서 7장 31-45절에서는 지혜가 그녀의 모든 후손들(세례 요한과 예수)로 인해 의롭게 되었다고 말하고 있으며, 반면에 마태복음서 11장 16-19절에서의 병행구절은 지혜가 그녀 자신의 행위(복음의 가르침과 치유), 다시 말해 요한이 감옥에서 접한 소식인 가르침과 치유로 인해 의롭게 되었다고 말하고 있다. 마태복음서 23장 37-39절과 누가복음서 12장 34-35절에서 이와 비슷한 강조가 약간 달라지고 있음이 보인다. 마태복음서의 34-36절은 예수는 소피아요, 어미닭처럼 자기 날개 아래 예루살렘의 자녀들을 모았지만 그녀의 예언자들은 거절당했다고 말하는 반면, 누가는 예수 그 자신이 거절당한 지혜의 예언자들 가운데 하나임을 내포하고 있다(눅 11:49-51; 비교 19:41-44; 에스드라서 1:28-32).[43]

요한복음서는 예수를 "나는 –이다"라는 지혜의 말 형태로 표현하고, 인격화된 신적 지혜와 동일시하며, 이제는 선재한 로고스로 동일시하면

---

42) Ibid., 189-190. 피오렌자는 역시 다음의 성서 본문들을 인용했다: 요한복음 1:1-14; 에베소서 2:14-16; 골로새서 1:15-20; 디모데전서 3:16; 히브리서 1:3; 베드로전서 3:18, 22.

43) Dunn, *Christology in the Making*, 197, 202-204. Kvam, "Sophia," 13-20에서 인용함.

서, 소피아론과 기독론의 좀 더 완벽한 종합을 보여준다. 레이몬드 브라운은 기록하기를:

> 서문은 구약의 예언서와 지혜문학으로부터 오는 특성을 한데 모은다. "말씀"이라는 제목은 주님의 예언적 말씀과 좀 더 가깝지만, 하나님 말씀의 활동성을 설명하는 것은, 지혜문학의 특성과 매우 흡사하다.44)

나는 소피아 전통과 하나님의 임재의 여성적 인격화라는 세부적 궤도가 앞으로도 당분간 사람들 사이에서 논의될 것이라고 확신한다. 지금도 여전히 소피아의 신적 위치와 히브리 전통의 야훼와 신약 전통의 예수와 성령과의 관계성에 대해서도 많은 논의가 있다. 하지만, 소피아는 유대교와 기독교 전통의 중심에서 하나님에 대한 대안적인 여성 은유를 제공한다. 이 은유는 강력한 사랑, 충성, 돌봄뿐 아니라, 사회의 버림받은 자들의 정의를 위한 강력한 공적인 예언적 활동의 결합을 전달하고 있다. 이 은유들은 예수의 그리고 하나님의 새 집에 대한 복음의 메시지와 분리되지 않으며, 우리가 갖고 있는 하나님의 형상 또는 우리 자신에 대한 이미지와도 분리되어질 수 없다.

제1장에서 논의한 희년(jubilee) 전통처럼, 소피아 전통은 신약과 초대교회의 삶을 향해 읽혀져 왔다. 실제로 샤론 린지가 희년에 대해 말하고 있는 바를 우리도 이야기할 수 있다:

> 일상생활에서의 가치와 우선순위와 관련한 생각들에 대해 대항한다는 것과 예수를 그리스도로 고백하는 것이 과연 어떠한 의미인지를 말할 수 있도록 도와주는 이런 이미지들의 힘은 성서의 전통으로부

---

44) Brown, *The Gospel According to John*, 520.

터 우리가 처한 상황을 해석하는 도구가 된다.45)

소피아 전통에서 가정에 대한 이미지는 세계 가정을 돌보시고, 의를 아는 지식을 함께 나누도록 우리를 부르시는 분이신 하나님께서 우리와 함께 거하신다는 이미지의 긴 궤도를 우리에게 상기시켜 준다(시 90:1-2). 따라서 잠언 9장 1-6절을 다음과 같이 읽는다.

지혜가 일곱 기둥을 깎아 세워서 제 집을 짓고,
짐승을 잡고, 포도주를 잘 빚어서, 잔칫상을 차린 다음에,
시녀들을 보내어, 성읍 높은 곳에서 외치게 하였다.
"어수룩한 사람은 누구나 이리로 발길을 돌려라."
지각이 모자라는 사람도 초청하라고 하였다.
"와서 내가 차린 음식을 먹고, 내가 잘 빚은 포도주를 마셔라.
어수룩한 길을 내버리고, 생명을 얻어라. 명철의 길을
따라 가거라"하였다.

나는 권위의 가정을 재구성하려고 시도하면서 하나님에 관한 많은 성서적 은유들 가운데서 가정 관리자(housekeeper, the *oikonomos*)로서의 하나님이라는 은유가 특별히 도움이 된다고 생각한다. "성중의 높은 곳에서 잔치자리로 연회로 부른 소피아처럼, 잃어버린 동전을 이리저리 찾아다니는 여인처럼, 하나님께서도 쉬지 않고 세계 가정(*oikoumene*)을 샅샅이 훑으시며 버림받은 모든 자들과 사회의 잃어버린 자들을 찾으시고, 그들을 발견할 때 기뻐하신다(눅 15:8-10; 14:15-24).46) 하나님의 신적

---

45) Ringe, *Jesus, Liberation, and the Biblical Jubilee*, 36.
46) Millenkott, *The Divine Feminine*, 60-68. 다음의 책을 참고하라. Katharine Sakenfeld, "Feminine and Masculine Images of God in Scripture and Translation," in *The Word and Words: Beyond Gender in Theological and Liturgical Language,* ed. By William D. Watley (Princeton: Consultation on Church Union, 1983).

경륜(*oikonomia*)은 우리가 언젠가 성령 안에서 하나님의 한 가정으로 회복될 수 있도록 언어와 문화의 장벽을 허무는 것이다(엡 1:10; 2:13-22). 이것이 자유의 집을 세우기 위해(*oikodome*) 마련된 언어와 은유를 제공할 수 있는 강력한 하나님-이야기이다.

4장

권위의 새 집

이 책의 서두에서, 나는 "페미니스트 접촉"(feminist touch)을 말한 적이 있다. 마이다스(Midas)의 손이 닿은 곳마다 금으로 변하는 것과 비슷한 방법으로, 가부장 사회에서 페미니스트가 접촉하는 모든 것은 권위의 문제로 돌려지는 듯하다. 우리는 사회적, 정치적, 경제적, 종교적 힘을 가진 사람들이 합법적으로 통제하는 것을 권위로 이해하는 사회에서 살고 있기 때문에, 피라미드의 종속적인 위치에서 벗어나고자 하는 사람들은 줄잡아 말하더라도 교만하다고 할 것이다. 종교적 권위들은 흔히 인간의 권리보다도 "아버지의 권리"를 성낭화하도록 고안된 위계구조적 삶의 방식을 인정해 왔기 때문에, 성서와 전통의 영역에서만큼 페미니스트 접촉이 분명하게 나타나는 곳도 없다.[1] 전통의 새로운 해석들은 종종 흥미로울 때가 있어서 그리스도인으로서 성실하게 살아가기 위한 새로운 통찰력을 낳지만, 권위의 옛집에서 안전을 찾는 사람들 사이에서는 분노와 두려움을 양산할 뿐이다.

특별히 이런 두려움을 나타낸 가슴 아픈 예는, 권위의 질서(하나님,

---

[1] Marie Augusta Neal, "Sociology and Sexuality: A Feminist Perspective," *Christianity and Crisis* 39(8):118-122 (May 14, 1979).

그리스도, 남자, 여자의 순서로 이어지는)에서 여자는 목회 리더십에서 제외한다고 발표한 1984년 남침례교 총회의 결정에서 보인다. 이 결정에 의하면, 창조에서는 남자가 먼저였고 에덴의 타락에서는 여자가 먼저였기 때문에 하나님께서 여성의 복종을 요구하신다(딤전 2:11-14).[2] 여성들은 안수를 받을 수 없을 뿐 아니라 모든 사람의 죄에 대한 일차적 책임을 물어 영원히 종속적 위치에 속해야 하는 하나님의 저주를 받았다. 하나님의 은혜조차 옛 권위의 남성 집을 침범하는 사람들에게는 전혀 효용이 없는 것 같다.

이 권위의 낡은 옛집을 보호하고 싶어하는 사람들은, 수많은 사람들이 기존의 고백과는 전혀 다른 신앙고백의 집에서 점차적으로 "집의 개혁자들"이 되어가고 있기 때문에 여성들을 목회지도자로 받지 말라는 충고를 들을 것이다.[3] 많은 여성과 남성들은 완전한 인간의 평등과 하나님 백성들의 삶에 참여하기 위하여 애쓰면서 사회에서 배제 당한 자들의 입장에서 성서를 이해하며 유대교와 기독교 전통을 생각하는 방법들을 찾고 있다. 그들은 전통을 포기하지 않는다. 오히려 그 전통이 본래 자신들의 것이라 주장한다. 그들에게 성서의 증거들은 계속해서 감동을 불러일으키며 생명의 말씀으로 생각되지만, 고대 가부장제의 정황뿐 아니라 가르침의 어떤 부분들은 거부된다. 메리 앤 톨버트가 『성서와 페미니스트 해석학』에 있는 자신의 논문에서 지적한 것처럼, 페미니스트 성서학은 매우 역설적인데 이는 "적들이 하나님의 도움을 받아 악을 행할 때 하나님을 적으로 간주해 대항하거나, 가부장적 권위자들이 성서를 해방자로서 거짓 이용할 때 가부장적 권위의 근거로 역할을 하는 성서를 패배시켜야"하기 때문이다.[4] 성서는 신앙의 여성으로서 내

---

2) Bill J. Leonard, "Forgiving Eve," *Christian Century*, Nov. 7, 1984, 1038-1040.
3) Judith L. Weidman, "Introduction," *Christian Feminism*, ed. By Judith Weidman, 3.

가 누구인지 이해하도록 도우며, 성서적 증거가 현재와는 전혀 다른 "새로운 것"이라고 할 수 있는 미래에의 길을 열어주기 때문에 나는 계속해서 이 역설과 더불어 살 것이다(계 21:1-4).

주인의 집에서 살아가기

기독교 여성과 남성으로서 우리 모두는 이와 같은 역설에 사로잡혀 있다. 우리는 계속해서 권위의 옛집, 즉 주인이 지배하는 집에서 살면서, 동시에 예수께서 어떻게 모든 나라를 위한 기도의 집이 될 수 있도록 성전을 깨끗케 하셨는지를 이해하려고 노력한다(막 11:17). "성전을 정화"하는 한 가지 방법은 각각의 본문과 교리를 지대한 학문적 노력을 갖고 재형성하는 것이다. 이 재형성은 복음을 설교하는데 매우 중요하지만 설교에 필요한 그 이상으로 훨씬 중요하다는 것이 나의 생각이다. 그런 이유로 나는 제2장의 패러다임 전환(paradigm shift), 곧 세상을 더 이상 예전과 동일한 방법으로 보지 않는 회심 체험의 중요성을 강조한다. 나는 고린도후서 5장 16-17절에 있는 바울의 충고를 마음에 담고 싶다.

> 그러므로 이제부터 우리는 아무도 육신의 잣대로 알려고 하지 않습니다. 전에는 우리가 육신의 잣대로 그리스도를 알았지만, 이제는 그렇지 않습니다. 누구든지 그리스도 안에 있으면, 그는 새로운 피조물입니다. 옛 것은 지나갔습니다. 보십시오, 새 것이 되었습니다.

---

4) Mary Ann Tolbert, "Defining the Problem," in *The Bible and Feminist Hermeneutics* (Semeia 28), ed. by Mary Ann Tolbert (Scholars Press, 1983), 120.

일을 서서히 진행할 때 우리는 해석과 설교, 그리고 기독교적 삶을 위해 사용되는 사고 구조를 반드시 바꿀 필요는 없다. 이는 여타의 호텔도 전혀 없는 단지 발틱 거리(Baltic Avenue)만을 소유함으로 모노폴리(보드 게임을 말한다: 옮긴이 주)에서 이기려고 노력하는 것과 다소 유사하다. 그 상황에서 이길 수 있는 유일한 가능성은 게임의 규칙을 바꾸기만 하면 되는 것이다. 만일 규칙을 자산 소유자가 임대료를 받아 그것을 동일하게 분배한다고 정한다면 아마도 누구라도 게임을 계속할 수 있고, 패배자는 더 이상 나오지 않을 것이다. 똑같은 방법으로 권위의 패러다임은 바뀔 필요가 있다. 만일 우리가 권위에 대한 정의를 모든 사람들을 파트너로 포함시키는 것을 승인하는 것으로 이해하고, 또한 힘에 대한 정의를 다른 사람들과 더불어 자기실현을 할 수 있는 동기 부여로 이해된다면, 성서와 전통이라고 불리는 자산과 호텔들의 분리된 조각들이 아닌, 권위의 게임 전체가 바뀌게 된다.

이런 관점에서 여성의 안수 문제는 디모데전서 1장이나 다른 특별한 본문의 권위에 근거하여 해결되는 것이 아니라, 그보다는 오히려 권위에 대한 상이한 신학적 이해의 토대 위에서 해결될 수 있다. 새로운 패러다임에서 권위는 오직 신앙의 집의 포괄성과 전체성에 길을 열어줄 때만 합법적 힘으로 이해될 수 있을 것이다.

주인의 도구. 제1장에서 나는 마가렛 워커가 쓴 『희년』의 입장에서 노예주정치(slavocracy)라는 대안적인 역사를 지적하며 주인의 집에서 노예로 사는 파괴적 삶에 대한 영향력을 말한 바 있다. 그러나 그 결과적 파괴성이 알려졌을 때조차도 억압이 어떻게 계속해서 존재하는지를 보기 위해서는 권위라는 옛집을 유지하기 위해 "주인"이 사용한 도구들을 살펴 볼 필요가 있다.

모든 유색인종들의 엘리트들이 엘리트가 아닌 사람들을 통제하기 위해 계속적으로 사용하는 한 가지 도구는 지배그룹이 옳다는 가정이다. 이 가정이 신이 부여한 인간과 본질의 위계구조가 있다고 주장하며 현 상태를 정당화하는 극단적 형태를 취하든지, 혹은 명목상의 포괄(token inclusion)이라는 좀 더 미묘하고 자유스러운 형태를 취하든지 간에, 지배그룹을 정당화시키는 도구는 건재하다. 바로 이점을 오드리 로드가 자신의 에세이와 연설들의 훌륭한 모음집인 『외부인 자매』의 한 에세이, "주인의 도구는 결코 주인의 집을 부서뜨리지 않을 것이다"(The Master's Tool Will Never Dismantle the Master's House)에서 강조하고 있다. 그녀는 1979년 뉴욕대학의 인문학 학회에서 연설할 때, "다른 인종, 성, 계급, 연령의 차이"의 역할에 대한 대화에서, 유색 여성들이 참여하여 이룬 이전의 업적에 대해 존중해서라기보다는 상징적인 흑인 레즈비언 페미니스트의 자격으로 형식적으로 할당하여 회의에 참석시키려고 계획한 백인 페미니스트의 "도구"를 거부했다.5) 백인 여성 학자들이 사용하는 주인의 도구는 친숙한 지배 도구로서, 이런 경우 모임의 안건인, 인종적 이성애적 지배를 의미한다.

권위의 옛집에 도전하지 못하도록 하는 또 다른 도구는 분열된 의식이다. 캐티 캐논은 교회가 영속시킨 이 이분법적 입장을 가리켜 제국주의를 지지한 "우상 숭배적 종교"라고 설명했다.6) 사람들은 그들 자신과 삶의 양상들을 분리시키는 훈련을 받으며 살아왔기 때문에, 평화를 사랑하는 그리스도인들이 집의 안과 밖에서 일어나는 잔인성을 지지하고

---

5) Audrey Lorde, *Sister Outsider: Speeches and Essays* (Crossing Press, 1984), 110-113.
6) Katie Cannon, 1986년 6월 1일 뉴욕 스토니 포인트에서 있었던 아시아 여성 신학자들 컨퍼런스에서 "새로운 실재의 창조"에 대한 주제로 토론 한 사람. 출간되지 않음.

있다는 그 모순성을 깨닫지 못한다. 릴리언 스미스는 남부에서 성장한 자신의 이야기에서 이렇게 말한다.

> 내게 정신과 "영혼"을 육체에서 분리하라고 귀에 거슬릴 정도로 가르쳐 준 그들은, 또한 내게 나의 행위와 양심을, 그리고 남부의 전통과 기독교를 분리하라고 가르쳤다. --- 나는 그리스도인과 백인 남부인이 동시에 될 수 있으며, 상냥한 여인과 건방지고 냉정한 사람이 동시에 될 수 있으며, 밤에는 기도하고 다음날 아침에는 흑인 전용차를 타는 것과 그리고 이 두 가지를 하면서 편안함을 느낄 수 있음을 알게 되었다.[7]

도구들은 수없이 많이 있으며, 이런 도구들을 거부하는 데에서 느끼는 두려움의 공포에 직면하려는 노력 또한 크다.[8] 하지만 가장 기본적인 것으로서 우리는 최소한 한 가지 도구를 더 기억할 필요가 있다. 그것은 통제의 필연성(necessity of control)이라는 도구이다. 지배의 힘을 행사하는 모든 형태는 "법과 질서"에 대한 호소와 교회와 사회에서 필연적으로 요구되는 통제의 불가피성이라는 인식으로 정당화된다. 분리된 옛 농장의 집에서는 사슬과 채찍, 그리고 수많은 규제들을 통하여 통제가 이루어졌다.[9] 현대 세계에 통제는 꾸준한 군사력의 증강을 통해 그리고 그 군비를 충당하기 위해 쏟아 붓는 대가로 인한 가난을 통해 이루어진다. 정치의 영역뿐 아니라 신학의 영역에서도 계속되는 질서에 대한 호소는 실제로 수많은 사람들을 사회, 정치, 경제의 속박 속에 묶어 두고 있는 무질서를 감추고 있는 것이다. 이런 "기존의 무질서"에 도전

---

7) Lillian Smith, *Killers of the Dream* (W. W. Norton & Co., 1949), 27, 29.
8) Katie Cannon, in *God's Fierce Whimsy*, by The Mud Flower Collective, 57.
9) Eleanor Traylor, "Music as Theme: The Blues Mode in the Works of Margaret Walker," in *Black Women Writers*, 1950-1980, ed. By Mari Evans, 522.

하면서 자유라는 권위를 찾고자하는 집의 혁명가들이 태어나고 있다.10)

성전 정화. 그렇게 집을 청소한 한 사람이 예수였다. 네 복음서는 모두 예수를 당시의 성전 체제에 도전한 사람으로 그리고 있다. 요한은 그의 복음서 서두(요 2:12-22)에 예수께서 예루살렘에 입성하셔서 성전을 청소하시고 권위에 대해 물으신 이야기를 배열한다. 다른 세 개의 복음서들은 그 사건들의 내용을 수난 이야기가 시작될 무렵에 배열한다(마 21:1-17; 막 11; 눅 19:28-20:8). 하지만, 이런 차이에도 불구하고, 이와 같은 성전에 대한 특별한 대치는 초기 기독교 전통에서 매우 중요한 것이었다. 각 복음서의 상이한 번역들은, 그 성전이 미래에 파괴될 것이라는 예언을 예루살렘과 이스라엘의 멸망과 동일시하며, 또한 예수 자신의 몸의 죽음과 부활로 동일시하고 있음을 모호하게 지적한다(요 2:19; 막 14:58; 마 26:61). 이는 또한 하나님의 집이 메시아에 의해 정화될 예언자적 기대의 성취를 지적하기도 한다(말 3:1-12; 슥 14:21; 렘 7:11).11) 성전의 정화는 희년처럼 하나님의 의의 회복을 알리는 종말론적 표시이다.

예수께서 돈 바꾸는 사람들의 상을 뒤엎으신 행동을 목격한 유월절 순례자들과 제사장들은 성전을 정화하는 상징적 행위를 성전의 환전 제도와 성직자의 세금징수 제도에 저항하는 예언자적 항변으로 이해했다.

성인 남자 한 명에게 1년에 반 세겔이라는 성전세가 제사장 지배계급을 지원하기 위해 모든 유대인들에게 부과되었다. 반대로 제사장 지

---

10) George Casalis, *Correct Ideas Don't Fall From the Skies: Elements for as Inductive Theology* (Orbis Books, 1984, 1977), 6.

11) Raymond E. Brown, *The Gospel According to John I-XII* (Double-day & Co., 1966), 114-125; I. Howard Marshall, *The Gospel of Luke* (Wm. B. Eerdmans Publishing Co., 1978), 719-726.(우리말 번역: 『루가복음(Ⅰ·Ⅱ)』, 강요섭 옮김, 한국신학연구소)

배계급은 종교와 정치적 압박을 위한 종교적 제재를 가했다.12) 제사장 통치자들과 백성들은 예수께서 상인들뿐 아니라 자기들의 목적을 위해 성전세를 이용하여 하나님의 집을 모독한 이들도 책망하셨다는 것을 알고 있었음을 우리는 분명히 확신할 수 있다. 이것이 공관복음서가 그들이 예수를 죽이려고 애쓰고, 예수의 권위를 문제삼기 시작했다고 기록한 이유이다(눅 19:47-20:8).

그들이 예수께 그의 권위가 어디로부터 오는지를 묻자 예수께서는 자신의 예언자적 행동과 세례 요한의 예언자적 행위가 같다는 것 외에는 다른 대답하기를 거부하셨다(눅 19:47-20:8). 이것이 함축하는 것은 예수의 권위가 하나님께로부터 왔으며 이를 모르는 사람들에게는 심판이 임한다는 것이다(눅 19:41-44). 제1장에서 본 것처럼, 예수는 죄를 용서하시고, 치유하시며, 복음을 전하는 권위(*exousia*)를 갖고 계셨다. 예수께서는 그 권위를 지배를 위해 사용하시지 않고 새로운 시대로 인도하기 위해서 사용하신다. 또한 그 당시 종교적으로 분열된 의식을 받아들이기를 거부하셨다. 그는 하나님의 집을 만민이 기도하는 집이라고 주장하시며 이방인들과 죄인들 모두를 하나님의 새로운 집으로 맞이하셨다. 비록 요한이 예수께서 채찍을 사용하신 것으로 묘사하고 있지만 그 행동의 의도는 지배하고 통제하기 위한 것이 아니라, 정반대로 통제나 지배를 해체하고자 했던 것이다. 예수는 공동체 안에서 하나님의 새로운 자유의 질서의 이름으로 종교적 기존 체제의 무질서에 도전하셨다. 제3장에서 예수/소피아에 대한 논의는 우리로 하여금 이 이야기의 결말을 기대하도록 안내한다(에스드라후서 1:28-32). 현재로서 권위자들은 문제를 일으키는 사람을 침묵시키려고 한다.

---

12) George V. Pixley, *God's Kingdom: A Guide for Bible Study* (Orbis Books, 1981), 75.(우리말 번역:『하느님의 나라』, 정호진 옮김, 한국신학연구소)

집의 혁명가들(House Revolutionaries)

"집의 혁명가들"은 성전에서의 예수처럼, 권위의 집을 파괴하기를 원하는 것은 아니다. 정반대로 그들은 소외된 자들을 향하신 하나님의 사랑과 돌봄의 권위가 분명하게 보이는 새 집을 세우기를 원한다. 하지만 이렇게 하기 위해서는 여전히 지배의 패러다임에 따라 생각하는 사람들과 함께 주인의 집에서 살아남을 수 있는 방법을 찾아볼 필요가 있다. 교회에서 살아남을 수 있는 중요한 수단은 신학적 전통이라는 옛집이 어떻게 지어졌는지를 분명히 아는 것이다.

비판적 분석. 우리는 비판적 분석을 해야 할 많은 자료들을 갖고 있다. 그 이유는 철학처럼 현대 신학도 "생각에 대한 생각"(thinking about thinking)에 오랫동안 골몰해 왔기 때문이다. 근대 세계에서 신학자들은 자신들이 전수 받은 문제에 대한 해답과는 전혀 다른 물음들에 직면할 때, 전수된 신학적 성찰에 대한 정신을 고수하고자 하였다. 에드워드 팔리는 고전적 신학 방법에 대하여 매우 세밀한 비판을 하였다. 그 역시 이 신학을 "권위의 집"으로 이야기하며 옛집의 "고고학"이라는 이름을 붙이고 자신의 분석적 작업을 수행한다. 그가 분석을 통하여 얻고자 했던 것은 증명(verification)의 형태를 통한 신학 방법은 도미노의 열(상아로 만든 직사각형의 패: 옮긴이 주)처럼 무너질 수 있다는 것을 드러내기 위함이었다.[13] 팔리는 "고전적 신학의 사고는 과학의 양식(mode)에서가 아니라 권위의 양식에서 발생한다"고 말한다.[14] 진리는 객관적 증명에 의

---

13) Edward Farley, *Ecclesial Reflection: An Anatomy of Theological Methods* (Fortress Press, 1982), 5.
14) Ibid., 117.

해서라기보다는, 하나님의 계시로 이미 자리매김한 것에 대한 언급으로 결정되는 것이다. 권위라고 하는 집은 그 집 자체 내에 이미 내재되어있는 여러 방들에 관한 물음을 언급함으로서, 또한 기독교 교리의 많은 다른 부분들은 이미 하나님의 주권적 뜻에 기초해 있기 때문에 진리라고 주장함으로서 난공불락의 성으로 만들어진다.15)

팔리는 권위의 집을 진리의 "적"으로 규명하며 이런 권위의 집이 이미 붕괴되고 있음을 알려준다. 그의 비판적 분석은 기독교 교리를 이해하는 데 사용되는 권위의 패러다임을 연구할 때 도움이 된다. 분명히 이 패러다임은 많은 부분에서 도전을 받고 있다. 하지만 역시 많은 종교적 패러다임이 현대 사회에서 권위적 패러다임의 합법성이 점점 신뢰를 상실하자 이에 대한 보상적 반응으로, 이전보다 더 보수적이고 더 권위주의적으로 되어가고 있는 것이 주지되고 있다.16) 나는 팔리의 비판을 높이 평가하는 반면, 권위의 집 그 자체가 진리의 적이라고 생각하지는 않는다. 적으로 간주되어 교체가 필요한 권위의 집은, 무엇보다도 가부장적 권위로 군림하는 지배자의 집이라 할 것이다.

재건축을 위한 도구들. 권위의 집은 "반석 위의 집"(마 7:24-27)과 같은 굳건한 복음적 토대 위해 새로 지어질 필요가 있다. 우리는 그런 비판적 분석으로 시작해서 비버리 해리슨, 마가렛 마일즈, 로즈매리 류터, 후안 루이스 세군도, 그리고 코넬 웨스트의 비판과 같은 다른 많은 비판들을 첨가할 필요가 있다.17) 그러나 나는 "집의 혁명가"로서 삶의 원천

---

15) Ibid., 165.
16) Harvey Cox, *Religion in the Secular City: Toward a Post-Modern Theology* (Simon & Schuster, 1984), Part I: "Praying for the Children at the Gate: The Conservative Critique if Modern Theology," 29-84 참고.
17) Beverly Wildung Harrison, *Making the Connections*, ed. By Carol S. Robb

이 되는 성서와 교회 전통을 파괴하기보다는, "주인의 도구들"을 사용하여 주변인들을 섬기는 권위의 새로운 집을 짓고 싶다. 도구들을 이와 같은 방식으로 새롭게 사용한다는 것은, 우리가 권위의 옛집에서 계속해서 살아가면서도 우리의 신학에 대해 비판적으로 분석하고 재발견하며 재건축해야 한다는 것을 포함한다. 여기서 오드리 로드는 "모든 인간이 함께 행복할 수 있는 세상이란 어떤 세상인가를 생각하고 그 같은 세상을 만들기 위해서 우리는 때로 대중의 주목을 받지 못하며 비난을 당하면서 홀로 설 수 있는 법을 배우고, 체제에서 배제된 주변인으로 간주되는 사람들과 어떻게 공동의 명분을 만들 수 있는지를 배워야" 한다고 말하며, 지배가 아닌 보다 새로운 삶과 사고에 대한 유용한 대안적 방식을 제안하고 있다.18)

이것은 자유의 집이 자신의 삶 속에 가까이 있는 듯이 살아가려 할 때 사용하는 첫 번째 도구이다: 당신이 있는 그 곳에서 시작하고, 바로 그 곳에서 당신의 자매들과 형제들 그리고 당신 자신의 자유를 위하여 확고히 서는 법을 배워라(갈 5:1; 엡 6:13-16). 기독교인의 소명은 당신이 부름 받은 장소에서 하나님이 부르시는 그 부름에 응답하는 것이다(고전 7:17-24). 새로운 방법으로 자신의 삶을 살며, 새로운 방법으로 사물을 바라보기 위해 저 멀리에 있는 이상적 상황을 기다리지 말라. 당신이 있는 곳에서 당신 자신의 경험과 행위의 토대 위에 새 집을 짓기 시작하라. 바로 그 토대로부터 들로레스 윌리엄스가 "구명선 정치학"(lifeline politics)라고 부른 것과 같은 후원 공동체를 창조할 수 있다.19) 유색의

(Beacon Press, 1985); Margaret R. Miles, *Image as Insight*; Rosemary Radford Ruether, *Sexism and God-Talk*; Juan Luis Segundo, *Liberation of Theology* (Orbis Books, 1976); Cornel West, *Prophesy Deliverance! An Afro-American Revolutionary Christianity* (Westminster Press, 1982).

18) Lorde, *Sister Outsider*, 112.
19) Delores Williams, "Women's Oppression and Lifeline Politics in Black

여성들이 백인인 우리들에게 그와 같은 모습을 서둘러 보여줄 때, 당신의 공동체 안에서 연대(solidarity)를 형성할 수 있으며, 그렇게 함으로써 또한 속박과 죽음에 직면해서도 자유의 여정을 계속할 수 있다. 그러나 이것은 다른 사람들과 동행하는 여정이며 또한 우리가 있는 곳에서부터 시작하여야 하고, 그리고 우리 모두가 풍요로울 수 있는 세상을 얻고자 노력하는 이들을 향해 환대(hospitality)를 베풀어야 한다는 요건이 전제된다.

분명 페미니스트 학자들은 자신들이 처한 그 상황에서부터 기독교 전통을 재발견하고 재해석하며 재구성하는 작업을 시작하고자 했다. 주요한 학문적 패러다임에 따라 훈련된 이들은, 그럼에도 불구하고, 여성들의 물음과 경험들을 성찰하는 다른 사람들과 공통의 동기를 형성하였다. 이것의 좋은 예는 내가 편집한 책 『페미니스트 성서 해석』의 글들을 선정한 일이다. 여기서 학자들은 필리스 트리블이 주장하는 "성서의 탈가부장화"에 관하여 고뇌하고 있었다.20) 그러나 그 학자들 각각은 자신들의 고유한 학문적 영역의 도구들을 사용하고 서로를 격려하면서, 캐서린 자켄펠트가 저자들뿐만 아니라 해석자들이 갖고 있는 가부장적 편향성에 대해 "근본적(radical) 의심의 자세"를 취해야 한다고 주장한 그 태도로 본문에 접근하면서, 각자 나름의 방식으로 각각의 작업을 수행하였다.21)

신학적 전통의 재발견과 재건축을 위한 두 번째 도구는 사회에서 가장 낮은 계층에 있는 사람들의 소리에 귀를 기울이는 것이다. 누가복

Women's Religious Narratives," *Journal of Feminist Studies in Religion* 1(2):58-71 (Fall 1985).

20) Phyllis Trible, "Depatriarchalizing in Biblical Interpretation," *Journal of the American Academy of Religion* 41-30-48 (1973).

21) KaTharine Doob Sakenfeld, "Feminist Uses of Biblical Materials," in *Feminist Interpretation of the Bible*, ed. By L. Russell, 55.

음서 4장 18-19절에 따르면, 복음은 가난한 사람들과 사회 저변에서 소외당한 사람들을 위한 기쁜 소식들이다. 만일 우리가 복음을 이해하고 실천하려고 한다면, 우리의 이해는 우리 자신만의 비판적 분석과 해석, 그리고 우리 자신만의 비전에만 기초해서는 안 된다. 우리만의 특별한 신학적 패러다임은 지배 계층들에 의해 희생된 자들이라고 스스로 깨닫는 사람들과 연대하고, 또한 희생자들과 굳건히 운명 공동체를 형성하는 사람들의 이야기들과 통찰에 의해 확대되어야 한다. 이와 같은 이해가 단지 해방신학자들과 페미니스트 신학자들에 의해서만 주장되는 것은 아니다. 그들은 그보다는 오히려 속박의 집에 갇힌 사람들의 울부짖음으로부터 고대 근동의 종교적, 정치적 기존체제의 바깥으로 밀려난 소외된 사람들의 간청에 이르기까지 성서 이야기에서 진술되는 계속되는 주제를 재발견하고 실천하기 시작했다. 그리고 이런 주제는 삶의 역경과 투쟁의 상황 속에서도 여전히 계속해서 건재하고 있다. 예를 들어 1940년대 초반, 본회퍼는 감옥에서 다음과 같은 글을 썼다.

> 우리는 사회 저변의 버림받은 사람들, 피의자들, 학대당하는 자들, 힘없는 자들, 억압당하는 자들, 비방당하는 자, 간단히 말해서 고통당하는 사람들의 입장으로부터 세계 역사의 커다란 사건들을 파악하는 것을 배웠다.[22]

우리가 사회의 저변에서 고통당하는 자들로부터 배운 것은 옛 집을 비판하고 새로운 권위의 집을 세우는데 기초가 된다. 로마 가톨릭 교회의 위계 구조적 사유의 희생양이었던 레오나르도 보프는 논쟁의 여지가

---

22) Dietrich Bonhoeffer, *Letters and Papers from Prison*, enl. Ed., ed. by Eberhard Bethge (Macmillan Publishing Co., 1972), 17.(우리말 번역: 『옥중서간』, 고범서 옮김, 대한기독교서회)

있는 그의 책, 『교회: 카리스마와 권력』에서 이에 대하여 다음과 같이 밝혔다.

> 우리는 신앙의 원천에 대하여 힘을 가진 사람들의 시각이 아닌, 권력의 견지를 포기한 모든 사람들의 시각으로 다시 검토할 필요가 있다. 과거 교회의 지도층 인물들은 신약성서(대부분은 서신서들)를 읽을 때, 창조의 견지에서보다는 오히려 권력이나 정통성 그리고 전통과 보존이라는 사유의 표지로, 또한 예언적 선포라기보다는 오히려 도덕적 교훈이라는 표지로 읽고 또 읽었다. 그리스도가 이루고자 했던 대의, 즉 가난하고 약하고 힘이 없었으나 당시 권력자들의 누리던 사회적, 종교적 기득권적 상황에 비판적이었던 역사적 예수가 이루어 내고자 했던 그 대의는, 그가 가졌던 비판적 힘은 박탈당한 채 제도에 의해 신성하게 감금되었고 영적인 의미만이 부여되었다.23)

사회 저변의 상황에 관심을 기울이면 단순히 과거의 향수를 그리워하는 사람이 아닌 희망을 갖고 살아가는 사람들과 연대를 갖게 된다. 보프가 묘사하는 기초 교회 공동체와 같은 투쟁의 공동체를 형성하는 것은 해석을 위한 해석학적 열쇠를 제공한다.

성서와 교회 전통에서 살아남았던 대부분의 여성들에 관한 이야기는 사회에서 패배한 사람들로 분류되어있기 때문에, 사회 저변에 있는 사람들에게 귀를 기울이는 것이 널리 퍼진 페미니스트 해석의 형태이다. 『성서의 페미니스트 해석』의 중간 부분인, "활동하는 페미니스트들"(Feminists at work)은 이스라엘의 어머니 상인 수로보니아 여인, 호세아의 부정한 아내 고멜, 그리고 남편에게 복종하라는 성서의 명령을

---

23) Leonardo Boff, *Church: Charism and Power: Liberation Theology and the Institutional Church* (Crossroad Publishing Co., 1985), 59, 125-130.(우리말 번역: 『교회: 카리스마와 권력』, 김쾌상 옮김, 일월서각)

의미하는 폭력에 시달리는 여성들의 고투 등의 이야기에 개별적 초점을 맞춘다.24) 엘리자베스 피오렌자가 신약성서 연구에서 일구어낸 괄목할 만한 성과는 권위의 옛집의 가르침으로 인해 희생당한 여인들을 위한 사역의 일환으로서, 가장 낮은 사회계층의 시각을 갖고 아래로부터의 사회적 역사를 재구성한 것이라고 할 수 있다. 그녀의 책『돌이 아니라 빵을』에서 피오렌자는 이렇게 말한다:

집이라는 약호로 표현되어진 본문에 대한 페미니스트 비판적 해석학의 목적은 비판적으로 기억된 과거의 전복적인 힘을 통해 선조가 되시는 어머니들과 자매들이 행했던 고통과 투쟁을 다시 회복시킬 수 있는 "위험한 기억"이 되기 위한 것이다.25)

이런 고통들과 투쟁들의 이야기는 필리스 트리블의 책『폭력의 본문들』에서도 발견된다.26) 엘사 타메즈 역시 노예제도와 씨름하는 라틴 아메리카 여성들의 입장에서 하갈의 이야기를 해석한다. 물론 세계 도처에는 수없이 많은 다른 예들이 있다.27)

권위의 집을 다시 짓기 위해 필요한 마지막 도구로 제안하고 싶은 것은 다른 끝에서 일하는 것(working from the other end)이다. 신학적 사고

---

24) Sharon H. Ringe, "A Gentile Woman' Story"; J. Cheryl Exum, "'Mother in Israel': A Familiar Story Reconsidered"; T. Drorah Setel, "Prophets and Pornography: Female Sexual Imagery in Hosea"; Susan Brooks Thislethwaite, "Everty Two Minutes: Battered Women and Feminist Interpretation," in *Feminist Interpretation of the Bible*, ed. by L. Russell, 55-107.
25) Fiorenza, *Bread Not Stone*, 86.
26) Phyllis Trible, *Texts of Terror: Literary-Feminist Readings of Biblical Narratives* (Fortress Press, 1984).(우리말 번역:『성서에 나타난 여성의 희생』, 최만자 옮김, 전망사)
27) Elsa Tamez, "Women and the Bible," *Lucha*, New York Circus 9(3):54-64 (June 1985).

란 단지 우리가 생각하는 사물 그대로의 것을 논리적으로 분석하는 것만은 아니다. 신학적 사고란 하나님께서 창조를 개선하시고 그리고 그 과정에 우리를 참여케 하시는 것에 대하여 우리가 이해할 수 있도록 언어와 통찰력의 풍부한 상상력을 사용하는 것이라고 할 수 있다. 하나님의 집을 정화시키시던 예수의 예언자적 행위처럼, "자유의 집"이라는 은유는 하나의 종말론적 이미지이다. 그것은 파트너십이라는 권위의 패러다임에 따르는 삶이 우리의 일상생활에서 어떠한 모습인지를 상세히 설명하지만, 이런 설명은 해방과 새 창조를 향한 하나님의 뜻을 언급함으로서 설명할 수 있다. 비록 우리가 일하고 있는 대안적 미래를 실제로 볼 수 없다 할지라도 우리는 하나님 약속의 또 다른 끝에서 시작함으로서 현재를 변화시킬 수 있다는 희망을 실현해 갈 수 있다.

우리 삶의 한가운데 이미 미래가 돌입했듯이 살려고 노력하는 이런 자발적 실천을 진 램버트는 "F 요인"이라고 부른다. 그녀에 따르면 F는 "페미니스트"(feminist)와 "미래"(future)를 동시에 상징하고, 이는 페미니스트가 그들의 신학적 실천과 인간의 전체성에 대한 세계의 비전을 함께 종합시키고자 하는 것을 의미한다. 이들 여성들은 그들의 목적지에서 시작함으로, 램버트가 말한 "다른 의견들에 대한 관용"과 존경의 관계에서 살아갈 수 있으며, 그렇게 함으로 성서적 해석의 유형과 내용에 공헌할 수 있다.[28]

우리 집이라 부르는 곳

자유의 새 집을 향한 여정에서 페미니스트들은 도리스 엘지 블라소

---

[28] Jean C. Lambert, "An 'F Factor'? The New Testament in Some White, Feminist, Christian Theological Construction," *Journal of Feminist Studies in Religion* 1(2):103 (Fall 1985).

프가 "새로운 변경(a new frontier)/우리들의 집이라 부르는 곳"을 찾고 있다.29) 넬리 모턴은 자신의 신앙 여정을 묘사하면서 다음과 같이 말한다.

> 나는 집이 단지 장소를 지적하는 것만은 아니라는 것을 알게 되었다. 집이란 사람들이 고유한 자기 자신이 되기를 바라는 상태이며, 그래서 세계에 점점 더 책임감을 갖는 자세를 갖고 그 같은 방향으로 나아가는 움직임이며 관계의 특성이다.30)

이러한 새로운 변경을 향한 우리의 여정에서 "머리 둘 곳이 없다"고 하시던 소피아/그리스도처럼 우리는 머물 곳을 찾을 수 없었다. 우리는 오직 우리의 길을 인도하실 하나님께서 약속하신 새 집의 권위만을 갖고 있을 뿐이다(마 8:20). 이 때문에 어떤 페미니스트 해석자들은 그들의 집이라 불리는 곳을 찾는 과정에서 다른 끝으로부터 일하는 도구를 사용한다.

장소를 찾아서. 종말론에 대한 이들 페미니스트와 해방신학적 견해는 정치신학 또는 희망의 신학에서 말하는 종말론과 유사하다.31) 우리

---

29) Doris Ellzey Blasoff, "We Are Gathered," *Everflowing Streams: Songs for Worship*, ed, by Ruth Duck and Michael G. Bausch (1981), 2 참고 Ruth Duck, "Lead On, O Cloud of Yahweh," 77.

30) Morton, *The Journey Is Home*, xix. 넬리 모턴은 루스 덕의 노래를 자신의 에세이집의 주제로 사용한다. 또한 이 주제에 대하여 흑인 여성의 관점으로 다룬 유력한 책: *Home Girls: A Black Feminist Anthology*, ed. by Barbara Smith (Kitchen Table: Women of Color Press, 1983). Home Girls는 당신 자신을 아는, 또한 알려지게 하는 수단을 제공한다. 이 책의 장들에서부터 당신은 마음이 편안해짐을 느끼기 시작한다. 왜냐하면 결국 우리에게 집보다 더 중요한 것은 없기 때문이다. (p. liv).

가 제1장에서 본 것처럼, 미래는 하나님 새 창조의 도래처럼 이미 (already) 현존하지만 아직은(not yet) 성취되지 않은 것으로 이해된다. 미래의 권위에 호소하려는 뜻은 내세로 도피하기를 꾀하는 것이 아니라, 권위의 새 집을 세우기 위한 에너지와 비전을 찾기 위함이다. 미래의 권위에 초점을 맞춘 이 종말론을 보기 위해 나는 먼저 엘리자베스 쉬슬러 피오렌자, 로즈매리 류터와 앨리스 워커의 연구 가운데 나타난 이런 종말론을 살필 것이며, 그 후에 하나님 미래의 권위에 대한 나의 신학을 서술하도록 하겠다.

페미니스트 해석학에 관한 글에서, 피오렌자는 정당한 것으로 승인할 수 있는 권위란 가부장적 억압으로부터의 해방을 위해 투쟁하는 여성들(모든 억압받은 사람들)의 경험에서 나와야 한다[32]고 주장했다. 피오렌자는 예언자적-메시아적 전통과 여성들의 온전한 인간 존엄성의 회복을 위한 페미니스트적 추구를 상호 연관시키는 류터의 방법과, 또한 수정된 창조의 약속과 모든 창조에서 인간의 통전성과 파트너십에 대한 페미니스트적 추구를 상호 관련시키는 나의 방법에 동의하지 않는다. 계시가 가능한 장으로서 성서의 본문과 여성들의 실재를 함께 이해하는 것보다는 오히려 피오렌자는 여성들의 구체적인 삶의 경험에 토대를 두며, 해방의 실천과 정치적 후원의 과제로 표현되는 단일한 비판적 원리를 요구한다. 따라서 피오렌자는 다음과 같이 말한다:

---

31) 이 부분의 일부 자료는 1986년 트리니티 연구소에서 강연하였고, 또한 *Gottes Zukunft-Zukunft der Welt*에서 출판되었으며, 여기서는 허락 하에 사용되었음을 밝힌다. (1장의 각주 1을 보라) Jürgen Moltmann, *The Crucified God: The Cross of Christ as the Foundation and Criticism of Christian Theology* (Harper & Row, 1974), 171-172 보라.(우리말 번역:『십자가에 달리신 하나님』, 김균진 옮김, 한국신학연구소)

32) Fiorenza, "The Will to Choose or to Reject: Continuing Our Critical Work," in *Feminist Interpretation of the Bible,* ed. by L. Russell, 128.

『해방하는 말씀』(*The Liberating Word*)에 기고한 글에서 내가 이미 제안한 것처럼, 페미니스트 신학은 억압적인 가부장적 구조와 이데올로기를 영속시키고 합법화하는 모든 본문들과 전통들을 반박해야 한다. 하나님을 억압의 하나님으로 만들기를 원하지 않는다면, 우리는 더 이상 그 같은 본문과 전통을 현시대의 사람들과 공동체를 위한 "하나님의 말씀"으로 주장해서는 안 된다.33)

피오렌자는 페미니스트 규범들을 "보다 높은" 성서적 권위와 남성중심의 인식에 기꺼이 복종시켜 버리는 권위의 게임을 더 이상 하려 하지 않는다. 그럼에도 피오렌자가 주장하는 여성들의 경험에 대한 호소는 단지 현재나 과거의 권위만이 아니라 상당히 미래의 권위로서 나타난다. 그녀는 말하기를:

과거, 현재, 미래에 대한 공통의 해석학적 토대는 "신성한 역사"나 "신성한 본문"이 아니라 하나님의 새 창조에 대한 성서적 비전에 대한 헌신이다.34)

피오렌자는 사회적 억압의 위계적 형식의 원초적 뿌리가 되는 가부장제를 거부하면서, 평등의 제자 공동체를 위한 모형과, 페미니스트 해석을 위한 해석학적(hermeneutical) 중심으로 여성-교회(women-church)를 제안한다. 그러나 피오렌자가 여성-교회를 성서적 전통 가운데서 자기

---

33) Ibid., 132.
34) Fiorenza, *Bread Not Stone*, xiv-xvii. 피오렌자의 책 *In Memory of Her* 의 서평에서 메리 로즈 드 안젤로는 말하기를, 피오렌자는 성서를 포기하지 않지만 성서 자체의 권위에 호소하기보다는 오히려 재구성된 초대 기독교 공동체 운동의 권위에 호소한다고 지적한다. 또한 "A Feminist Reading of Scripture," *The Ecumenist* 23:86-89 (Sept.-Oct. 1985)를 보라.

주체적 여성과 그 같은 여성들과 동일시하는 남성들의 운동으로 역사적 재구성을 시도하고자하는 작업이 신약성서 본문에 근거하는 한, 그녀의 작업은 여전히 성서적 종말론에 그 뿌리를 두고 있다고 할 수 있다.35) 이는 초기 평등주의적 기독교 공동체는 다시 오실 이에 대한 기대를 갖고 예수의 가르침을 실천하기 위해 부활의 능력을 의지하여 모였던 종말론적 공동체였기 때문이다.

로즈매리 류터는 여성들의 완전한 인간성을 증진하는 페미니스트 비판적 원리와 예언자적-메시아적 전통의 성서적 비판 원리 사이를 상호 연관시킨 자신의 방법에 대한 피오렌자의 비판에 대해 다음과 같이 응답했다. 즉, 류터는 구약성서의 예언자적 줄기로부터 그리고 복음서의 해방시키는 주제로부터 나온 전통이라는 것이 일련의 본문이나 정경 안의 정경을 말하는 것은 아니라고 주장한다. 이것은

> 성서적 전통이 현 사회의 죄로 왜곡된 모습과, 과거에 부분적으로 보고 부분적으로 이해했던 과거 성서 전통의 한계에 반하여 진실로 자유하게 하시는 하나님의 말씀이 무엇인가를 끊임없이 재평가하는 비판적 관점과 과정이다.36)

모든 전통들처럼, 이 특별한 전통도 성서의 자료에 대해 많은 수정을 하고 있으며, 상황이 새로울 때마다 계속해서 수정과 해석을 필요로 한다.

류터는 또한 권위의 토대로서 과거뿐 아니라 미래도 그 근거로 삼는

---

35) *Bread Not Stone*, xiv.
36) Ruether, "Feminist Interpretation: A Method of Correlation," in *Feminist Interpretation of the Bible*, ed. by L. Russell, 117; *Sexism and God-Talk*, 22-27를 보라.

다. 비록 예언자들이 여성들의 억압에 거의 관심을 갖지 않았지만, 그럼에도 불구하고 그들은 불의한 상황에 직면할 때는, 예수께서 가난한 자와 여성들에게 행하셨던 사역을, 하나님께서 사회에서 버림받은 모든 사람들을 당신의 나라로 기꺼이 받아들이시는 표지로서, 계속해서 가르치는 예언자적 상상력 속에서 예언자로서의 사명을 수행했다. 여성들의 몸과 땅의 지배의 근원적 원리로서 작동하는 이원론적 방법을 더 이상 사용하지 않는 종말론을 추구하면서, 류터는 직선적 유형과 순환적 유형을 결합한 희년과 안식일 전통에 관심을 기울인다. 제1장에서 말한 대로, 레위기 25장 8-12절에 나타난 이 전통은 하나님께서 의도하신대로 삶을 일굴 수 있는 가장 근원적 원리로 돌아갈 것을 요구한다. 류터는 현실화되지 않은 미래로 끊임없이 도주하는 종말론의 어떤 형태도 거부하면서, 정의롭게 살 수 있는 사회의 요소들을 회상하고 기대함으로서 창조의 완성된 이미지를 바라본다.[37] 류터는 여성들을 위해 하나님께서 약속하신 미래를 계속해서 열기 위해 유대교와 기독교의 주변화된 공동체로부터 "여성 가이드"(woman guides)를 제공할 수 있는 자료들을 찾고 있다.[38]

　엘리스 워커는 신학자가 아니라 흑인 "우머니스트"(womanist) 작가이다. 그러나 카터 헤이워드가 말한 대로, "『칼라 퍼플』에서 엘리스 워커는 여성들의 삶의 역동성에 대하여 예민하게 서술함으로 그 어떤 경우보다도 더욱 페미니스트 신학에 비판적 안목을 제공했으며, 강력한 페미니스트 의식을 제공했다."[39] 워커는 백인 남성의 가부장적 하나님

---

37) Ruether, *Sexism and God-Talk*, 254.
38) Ruether, *Womanguides*, xi.
39) Carter Heyward, "An Unfinished Symphony of Liberation: The Radicalization of Christian Feminism Among White U.S. Women," *Journal of Feminist Studies in Religion* 1(1):104 (Spring 1985).

은 우상이라는 것을 분명히 명시할 뿐만 아니라, 독자들로 하여금 인간들을 돌보시는 하나님과 관계할 수 있는 대안적 방법을 찾도록 인도한다. 제3장에서 나는 셀리의 친구 슈그가 "난 하나님께서 백인 남자라는 것을 알고는 흥미를 잃고 말았어."라고 말하면서 셀리에게 잘못 이해된 이미지에 대해 설명했던 것을 서술하였다. 슈그는 나중에 셀리가 백인 남성의 하나님을 포기하는 것은 하나님을 잃어버리는 것이 아니라, 오히려 당신이 사랑하는 "모든 것"(칼라 퍼플을 포함하여)을 사랑하시고, 또한 그들로부터 사랑받기 원하시는 분이 바로 하나님이심을 새롭게 발견할 수 있는 가능성을 볼 수 있도록 돕는다.40)

워커는 재건설하는 데 필요한 도구들을 알고 있다. 그녀는 자신이 있는 곳에서 출발하여 독자들로 하여금 사회 저변에 있는 사람들의 소리에 귀 기울이도록 초대한다. 그리고 억압으로부터 자유를 얻기 위한 흑인들의 투쟁 가운데서 워커는 인종차별적 사회에서 흑인들이 희망이 없어 보이는 투쟁의 여정일지라도 계속해나가도록 원동력이 되는 고통의 희망에 대해서도 분명히 말하고 있다. 1984년 라디오 방송에서 그녀는 다음과 같이 말했다.

> 『칼라 퍼플』은 우리 선조들이 행했던 전통과 방법들이 인생의 많은 문제들을 결정하는데 매우 가치 있고 적절했다는 나의 이해를 나의 선조들에게 전하는 메시지이다. 나는 당신이 억압받을 수 있고, 절망적이며, 짓눌려지고 억눌려져서도 당신이 그것을 통해 어려움을 무릎 쓰고 나갈 수 있다는 것을 그들로부터 배우게 되었다.41)

---

40) Alice Walker, *The Color Purple*, 166-168.
41) Alice Walker, "If God Ever Listened," *Horizons* #840307, National Public Radio, 1984.

워커에게 그 같은 희망의 원천은 자신의 공동체와의 연대에 있다. 워커는 그녀의 책『어머니의 정원을 찾아서』에서 남부 출신의 흑인 작가가 "당연한 권리로 상속받은 것은 공동체의 의식"이라고 쓰고 있다.42) 그리고 그 공동체로부터 사람들이 변할 수 있다는 믿음과 더불어, 선조들의 권위뿐 아니라 선조들의 희망의 권위도 있다는 믿음이 나온다.『칼라 퍼플』에 등장하는 셀리의 남편의 삶 속에서 변화가 일어난다. 잔인하고 성차별적이어서 셀리가 결혼 생활을 포기하려했던 남편은 진실하고 통찰력 있는 사람으로 변한다. 그는 셀리가 공동체와 희망을 함께 나누는 사람이 된다.

나는 변화를 믿는다: 인간적 변화와 사회의 변화 말이다. 나는 남부에서 있었던(아직 끝나지 않았지만 의문의 여지없이 새로운 질서가 어디서나 눈에 들어오는) 혁명을 경험했다. 그리고 나는 (가기를 거부하기 전까지는) 감리교회에서 성장했는데, 그곳에서는 바울은 이따금 다마스쿠스로 가는 길에서 변화할 것이고, 그리고 모세--존경받는 노인--는 하나님을 격하게 만들어 생겼던 많은 변화들을 겪었다고 가르쳤다.43)

창조를 개선하기. 이런 페미니스트들 가운데 그 어느 누구도 미래의 권위가 자신들의 페미니스트 이론에서 주요소라고 말하는 사람은 없다. 사실 성서의 역사적 재구성과, 신학적 재해석, 그리고 미국 흑인 문화에 대한 그들의 각각의 관심은 사용 가능한 과거를 추구하는 것처럼 보인다. 하지만 여성들의 투쟁에 대한 분명한 언급으로부터 억압을 뛰어 넘

---

42) Alice Walker, *In Search of Our Mothers' Gardens: Womanist Prose* (Harcourt Brace Jovanovich, 1983), 17.(우리말 번역:『어머니의 정원을 찾아서』, 구은숙 옮김, 이프)
43) Ibid., 252.

어 움직이는 사회를 기대하는 자유에 대한 갈망이 온다. 나는 나의 신학적 작업에서 억압을 뛰어넘은 이 세상을, 인간과 자연 그리고 모든 창조물들이 그들의 신음에서 자유롭고 서로에게 편안한 개선된 창조로 그려내고자 노력하였다.44) 이 이미지는 또한 성서와 전통을 해석하기 위한 해석학적 열쇠로 기능한다. 류터와 더불어 나는 여성들의 온전한 인간성을 증진하는 페미니스트적 비판 원리--인간, 자신들과 다른 사람들, 하나님과 자연의 파트너십을 회복하는--와 하나님이 지으신 세계 집의 개선을 증진시키는 성서적 비판 원리 사이의 상관관계를 본다.

신학이란 하나님께서 아침에 일어나셨을 때 염려하시는 일에 대하여 걱정하는 것이라고 말한 크리스터 스텐달로부터, 종말론적 희망, 곧 창조의 개선이라는 단순한 표현을 들었다.45) 이 이미지 자체는 창조를 개선할 만큼 관심을 기울이시는 하나님의 여성적 이미지와 더불어 완성에로 이끄는 성서의 메시지 모두를 상기시키기 때문에 이 이미지는 설득력이 있다. 비록 하나님께서 창조를 개선하시는 일에 여성들이 포함되기를 뜻하신다는 증거가 성서 본문의 가부장적 맥락에서 확실히 드러나지 않는다 하더라도, 그것은 계속해서 내 삶과 신앙에서 권위를 가지는 해방의 비전을 갖는다.

나에게 창조의 개선은 억압받은 사람들을 위한 해방의 희년 이미지로 시작한다(눅 4:16-19). 여성들은 모든 나라에서 "억압받은 사람들 중에서도 가장 억압받은 자들"이다. 그러므로 이런 여성들이 그 안에서 어떠한 역할을 맡지 않는다면 자유의 새 집은 없을 것이다. 억압의 고통을 명확하게 표명하는 것은 해방신학과 페미니스트 신학의 이해를 위한 중요한 자원이며 또한 그들의 신음 소리가 들릴 수 있도록 하는 유효한

---

44) Jürgen Moltmann, *God in Creation* (Harper & Row, 1985), 5.
45) Krister Stendahl, "God Worries About Every Ounce of Creation," *Harvard Divinity Bulletin* 9(5):5 (June/July 1979).

지혜들이 많이 있다. 부유하고 억압적 위치에 있는 국가의 국민인 백인의 한사람으로서 나는 기꺼이 나 자신의 고통과 두려움을 깊숙이 들여다보고자 한다. 또한 인종주의, 성차별주의 그리고 자본주의의 희생양들을 "배반한 사람들을 배반하는" 모험을 기꺼이 감행하고자 할 때, 이 미래의 권위를 실현할 수 있다.46)

억압받은 자들의 미래에 참여하려는 나의 긴박한 과제는 그 같은 미래의 권위를 실천할 수 있는 사람들과 강한 연대를 지속하는 방법을 찾는 것이다. 그 이유는 그들이야말로 경험할 수 있는 모든 최악의 경우를 이미 겪으며 살아왔기 때문이다. 캐티 캐논이 지적한 대로, 우리의 삶 속에서 경험되는 것으로서의 구원이 의미하는 바가 무엇인지를 그린 사람은 파니 로우 해머(Fannie Lou Hammer)와 같은 여성들이다.47) 1963년에 미시시피 흑인 소작인이었던 그녀는 죽음을 무릅쓰고 투표자 등록을 함으로 시민의 권리를 행사하고자 했다. 그녀는 곧 체포되어 심하게 얻어맞고 영원히 불구가 되었지만, 자유를 위한 투쟁만큼은 결코 포기하지 않았다. 파니 로우 해머는 가장 밑바닥까지 내려갔고, 자신의 민족들의 자유를 위해 기꺼이 죽을 수도 있음을 알았다. 그 누구도 그녀를 더 이상 건드리지 못했다. 그녀는 오직 미래의 자유의 권위와 새로운 변경 곧 그녀의 본향이라 불리는 곳을 향하여 다른 사람들과 함께 여행한다는 사실만을 알 뿐이었다.

이런 권위의 새 집은 모든 창조를 돌보시는 하나님께 속해 있다. 하

---

46) Jürgen Moltmann and M. Douglas Meeks, "The Liberation of Oppressors," *Christianity and Crisis* 38(20):316 (Dec. 25, 1978).

47) Katie Geneva Cannon, "Rage and Redemption: Experiences of the Black Church," April 26, 1985, Women's Theological Center, Boston, Mass. 또한 Paula Giddings, *When and Where I Enter: The Impact of Black Women on Race and Sex in America* (William Morrow & Co., 1984), 289-290를 보라.

나님께서는 가부장적 노예의 옛집에 반대하여 죄와 억압으로 인해 고통 당하신 예수 그리스도의 사역을 통해 창조를 다시 세우시는 분이시다. 그리고 하나님은 성전을 정화하고 창조를 새롭게 하는 일에 우리를 파트너로 참여하도록 초대하셨다. 우리는 하나님의 미래의 기억으로 자유의 새 집이라는 유토피아적 비전을 따라 계속해서 희망하고 계획을 세워나간다. 따라서 우리는 도로테 죌레와 함께 다음의 진술을 확신할 수 있다:

> 인간의 일은 세상을 재창조하고, 에른스트 블로흐(Ernst Bloch)가 그의 책 『희망의 원리』(*Principle of Hope*)에서 말한 "아무도 들어가지 않은 집"으로 세상을 변화시키는 것에 목적을 둔다. --- 우리는 일과 사랑의 가장 인간적인 행위를 통해서만, 새 땅, 결국 본향이라고 부를 수 있는 곳의 공동-창조자가 된다.[48]

---

48) Dorothee Soele With Shirley A. Cloyes, To Work and to Love: A Theology of Creation (Fortress Press, 1984), 103.(우리말 번역: 『사랑과 노동』, 박재순 옮김, 한국신학연구소)

5장

가정, 힘, 그리고 영광

사람들은 어디서나 사회적 영적 권위의 패러다임을 지배와 속박의 은유로서 경험한다. 대부분의 상황에서 사람들은 현실에 대한 이런 지배와 속박의 패러다임을 받아들이고 또한 신약성서의 번역에서 "원칙들과 힘"으로 표현된 이 세상의 힘의 구조에 갇혀 있다. 그러나 제4장에서 살펴본 대로 그 같은 현실이 변화될 수 있다는 가능성을 인식하고, 지배적 힘들에 대항하기 시작하는 사람들이 있다. 그리스도인들은 그들의 용기와 힘을 미래에 대한 상기로부터 끄집어낸다. 그 미래에 대한 기억이란 사람들과 함께 지배세력에 저항하나 그 힘에 의해 십자가에서 죽임을 당했지만, 여전히 사람들 사이에서 승리의 삶을 사시는 메시아, 구세주에 대한 상기다. 사람들 사이에 현존하시는 그리스도는 자유와 공동체 안에서 삶을 살 수 있다는 가능성에 대한 새로운 정치적 현실을 보여준다.1)

성차별주의, 계급주의 그리고 인종차별주의적 억압의 힘에 대항하여 싸우는 구체적 상황 속에서 자유의 집을 약속하신 하나님의 메시아

---

1) "People and the Powers"이라는 제목 붙여진 이 장의 초기 판은 the *Princeton Seminary Bulletin*, vol. 8, no. 1 (February 1987)에 실렸으며, 여기서는 허락 하에 사용하였다.

적 성취에 대한 기대가 일어난다. 여기에 미래의 권위가 뿌리를 내리고 종말론은 투쟁과 저항의 가운데에서 해방의 차원을 제공한다. "희망이 없는" 상황 가운데서 "희망을 기대하는 희망"이라는 표현은 죽음 가운데에서 삶을 초월하는 차원이 된다(롬 4:18).

인간의 권리를 위한 한국인의 투쟁 가운데에서 민중신학이 발전되었다는 사실이 이 말의 의미를 잘 드러내는 예라고 할 수 있다. 김용복이 그의 글 "메시아와 민중"에서 말한 대로, 사람들이 가지는 "메시아적 갈망은 사람들과 지배적 힘 사이의 역사적 대면 가운데서 발생한다."[2] 억압이 만연했던 상황 속에서 한국 교회의 소수만이 통일과 민주주의 그리고 자유를 이루기 위해 기꺼이 해고당하고 착취를 당하며 감옥에서 고문당하고 죽음까지 이르는 사람들을 돕고 지지하는 고백적인 교회가 되었다.

1983년 한국을 방문하면서 나는 많은 증인들의 이야기와 의견 등을 함께 나누는 특권을 누렸다. 광주에서 있었던 광주항쟁 3주년 기념식에서 나는 당시 YWCA 임시 지도부에서 활동하던 여성들과 이야기를 나누게 되었다. 학살이 진행되는 동안 학생 데모자들은 YWCA 건물로 피난처를 구했지만, 강력한 무기를 가진 군인들의 공격을 받아 결국 그 건물은 더 이상 이용할 수 없는 불안한 곳이 되고 말았다. 나를 초대해주신 은퇴한 총무 조아라 씨 역시 다른 많은 사람들과 함께 감옥에 갇히게 되었다. 그녀의 죄목은 70세의 나이에, 총탄을 막는 일에 정부와 협상하고 평화를 위해 일하는 다른 지도자들과 계속 함께 하기를 고집했다는 것이라고 한다.

---

2) Kim Yong-Bock, "Messiah and Minjung: Discerning Messianic politics Over Against Political Messianism," *Minjung Theology: People as the Subjects of History*, ed. by the Commission on Theological Concerns of the Christian Conference of Asia, 186.

이제 감옥에서 나온 그녀는 추모예배와 교회에서 불법 집회를 준비하는 다른 그리스도인들과 함께 나누기 위해 나를 초대했다. 우리는 그 전에 간단한 식사를 하러 식당으로 갔다. 내 친구들은 새 빌딩에 대한 계획을 나누며 함께 웃고 이야기를 나누었으나, 그들은 말이 없었고 근심에 쌓여있었다. 조아라 씨는 자신이 갖고 있는 유일한 것이라고는 약품뿐이라고 말했다. 만일 그녀가 체포될 경우 그 약 없이는 살아남지 못할 것이라고 했다. 만약의 체포에 대비를 논의하면서, 이렇다하게 내세울 만한 용기라고는 그 누구에게도 보이지 않았다. 단지 국가 권력의 우상적 허세를 막기 위해 작은 자유의 집으로 모인 평범한 여성들의 모임이었을 뿐이었다.

사람들과 권력들

아시아, 아프리카, 라틴 아메리카로부터 온 신학자들도 마찬가지로, 경제 및 정치 지도자들은 정치적 메시아니즘이라는 잘못된 희망을 제시하는 사람들이라는 사실을 우리에게 상기시킨다.[3] 정치적 메시아니즘에서 전쟁과 정복, 그리고 발전이라는 언어는 국가적 힘과 자만 그리고 번영이라는 의미를 함축하고 있다. 이는 또한 피해자들의 현실을 은닉하며, 자신들의 정치적 메시아니즘이라는 수사학을 유지하기 위해 이용

---

3) Ibid., 183-193. 보라. Rubem A. Alves, *A Theology of Human Hope* (Corpus Books, 1969)(우리말 번역: 『인간희망의 신학』, 정의숙 옮김, 대한기독교서회); Allan Aubrey Boesak, *Farewell to Innocence: A Socio-Ethical Study on Black Theology and Power* (Orbis Books, 1977)(우리말 번역: 『우리는 더이상 순진하지 않다』, 김민수 옮김, 한국신학연구소); "The Kairos Document," Sept. 12, 1985, 이 에세이는 다음의 제목으로 출판되었다. *Challenge to the Church: A Theological Comment on the Political Crisis in South Africa*, by Theology in Global Context, Stony Point Center, Stony Point, N.Y.

당하고 착취당하며 가난하고 굶주리며 죽어가는 사람들의 현실을 은폐하고 있다. 정치적 메시아니즘에 의해 착취당하고 있는 사람들 가운데에는 가난한 자들 중의 가난한 자이며, 민중 중의 민중이며, 억압당하는 자들 가운데서도 가장 억압받는 자들인 여성들이 있다. 그들 가운데는 전쟁 중에 죽임 당하고 강간당하고 남편과 아이들로부터 잔인하게 분리되거나, 가족들을 부양하기 위해 매춘에 끌려가거나 혹은 컴퓨터의 마이크로칩을 만들기 위해 현미경에 몸을 구부리다가 삼십 세에 장님이 된 여성들을 생각할 수 있다.

메시아적 정치. 국가가 신이 되는 우상 숭배의 상황을 지켜보는 기독교 교회의 반응은 또 다른 잘못된 메시아니즘의 형태로 나타난다. 이는 하나님 백성들의 울부짖음과 정의에 대한 하나님의 뜻을 무시하는 한편, 영혼의 구원만을 제시하는 영적 구원의 메시지이다. 페미니스트와 해방신학자들은 정치와 사회적 현실에 뿌리내린 희망의 기대를 주장하며 영적으로 치우신 이런 메시지를 거부한다. 김용복은 이것을 "메시아적 정치"라고 부르는데, 이는 메시아의 사역과 동일시되는 거룩한 초월적 차원도 포함하는 한편, 민중, 곧 정치적으로 억압당한 사람들, 경제적으로 착취당하는 사람들, 사회적으로 주변화한 사람들 그리고 문화적으로 무시당하고 경멸받은 한국 사람들의 경험에 뿌리내리고 있기 때문이다.[4]

이런 종말론의 형태는 사회 정의에 대한 명령을 세속적 이데올로기

---

[4] Peggy Billings와 함께 Moon Tong Hwan(문동환), Han Wan Sang(한완상), Son Myong Gul(손명걸), Pharis Harvey, *Fire Beneath the Frost* (Friendship Press, 1984), 9. 역시 보라, *Minjung Theology*, 35, 142-143, and Suh Kwang Sun David(서광선), "Theology of Story Telling: A Theology by Minjung," *Ministerial Formation*, Geneva: Programme on Theological Education, WCC, 31:10-22 (September 1985).

가 아닌 부활 그 자체에 두고 있다. 따라서 루벰 알베즈는 부활의 언어란 예수를 설명할 때 단순한 하나의 사실이 아니라고 묘사하기보다는, 오히려 해방의 사실을 창조하며 자유의 힘이 되는 역사적 요소로 묘사한다고 말한다.5) 그리고 로즈매리 류터와 같은 페미니스트 신학자는 다음과 같이 기록하고 있다.

> 성서에 나타나는 구원에 대한 우선적인 비전은 불의한 현 체제가 뒤엎어질 때 일어날 새로운 평화와 정의로운 사회에 대한 대안적 미래이다.6)

고통 받는 메시아의 이야기는 자유를 위해 투쟁하고 있는 억압당하는 자들의 집합적인 메시아 역할을 이해하는 패러다임을 제공한다. 메시아적 정치는, 김용복이 말한 대로, 민중이 메시아의 역할을 실현시키면서 메시아의 뜻을 함께 하는 반면, 지배자들의 정치적 메시아니즘은 자신들의 잘못된 메시아니즘을 이루기 위해 민중을 이용하고 희생시킨다.7)

메시아의 역사를 가난하고 주변화한 사람들과 동일시하는 시도는 새로운 것은 아니다. 그것은 마태복음서 25장 31-46절에 나오는 마지막 심판에 대한 비유가 의도하는 바와 같은 것으로 보인다. 마태에 따르면, 예수는 우리에게 단지 교회 역사나 세계 역사에 대하여 설명을 하는 것

---

5) Alves, *Theology of Human Hope*, 131-132.
6) Rosemary Ruether, "A Religion for Women: Sources and Strategies," *Christianity and Crisis* 39(19):309 (Dec. 10, 1979). 참조. L. Russell, "Minjung Theology in Women's Perspective,"는 곧 출간될 예정인데 *Minjung Theology*, ed. by Jung Young Lee(이정용) (Orbis Books, 1987)에 대한 비판으로 성찰한 책 안에 있는 에세이다.
7) Yong-Bock, "Messiah and Minjung," 191.

은 아니라고 한다. 오히려 가난한 자와 버림받은 자들과 동일시하는 당신의 역사에 대해 말함으로서 배고프고 목마른 모든 사람들, 벌거벗고 병들고 갇힌 사람들 모두가 메시아와 더불어 새롭게 하시는 하나님의 활동에 함께 참여한다는 것이다.8) 우리는 예수의 가장 낮은 소자들인 형제자매들과 연대를 맺으면서, 예수 자신의 이야기를 이어가는 사회적 투쟁의 전기를 발견한다. 이것은 억압받은 사람들이 억압하는 자들보다 더 의롭기 때문은 아니다. 이는 예수께서 하시고자 했던 목적에 헌신하고 버림받은 사람들을 사회로 맞이하는 것이 바로 하나님께서 우리 가운데 계신다는 표시이며, 하나님의 집과 권능, 그리고 영광의 표시이기 때문이다. 크리스터 스텐달이 말한 대로, 하나님 나라의 도래를 위해 기도한다는 것은 구원받고 치유받고 고침받은 인류 가족을 위하여 기도하는 것이다.

> 하나님의 나라가 어디서, 언제 그리고 어떻게 그 모습을 드러내 보이든지 간에, 하나님 나라란 기꺼이 받아들여진다는 것이다: 치유 받은 몸 안에서와 회복된 마음속에서 그리고 좀 더 정의로운 사회 안으로, 용서할 힘을 찾은 인간의 마음으로, 가나안 어머니의 믿음과 신뢰 속에서, 메시아의 죽음과 부활에서, 그리고 정의가 존재하는 새 하늘과 새 땅에서.9)

---

8) 이 해석에 대해선 고인이 된 나의 남편 요하네스(Hans Christiaan Hoekendijk)에게 도움을 받았음을 밝힌다. 학자들 중에는 이 비유가 실제로 예수가 말한 것인가에 대해 의심한다. 그러나 이 사상은 사회의 주변인들과 가부장적 피라미드의 맨 바닥을 차지하고 있는 사람들에 대한 하나님의 자비와 계속적으로 동실시하는 예수의 사상과 일관성이 있다. (Mark 9:37, 41; 10:15). Joachim Jeremias, *The Parables of Jesus* (Charles Scribner's Sons, 1956), 144 참조.(우리말 번역: 『예수의 비유』, 허혁 옮김, 분도출판사)

9) Krister Stendahl, "'When you pray, pray in this manner…'-a Bible study," in *The Kingdom on Its Way: Meditations and Music for Mission*, RISK Book

"죄인과 세리들"로 여겨지는 사람들, 모든 사회에서 거부당한 사람들이 구원 이야기의 중심이 되는데, 그 이유는 하나님의 뜻이 이루어질 때 증언할 수 있는 사람들이 바로 그들이기 때문이다(막 2:13-17). 그들은 사회가 재창조된다면 그 때 반드시 있어야 하는 존재들이다.10) 왜냐하면 사회에서 배척당한 피해자들이야말로 과연 정의가 이루어지고 있는지 창조가 개선되고 있는지를 알고 있기 때문이다. 삭개오와 더불어 하나님께서 행하시는 메시아의 계획 속에 자신들이 포함됨을 발견할 때 그들의 기쁨은 이루 말할 수 없다. 누가의 이야기는 로마 제국의 부유한 세리인 삭개오를 자신이 속한 사회에서 소외된 자로서 늘 사회의 일원으로 환영받기를 간절히 바랐던 사람으로 묘사한다(눅 19:1-10). 삭개오에게 나무에서 내려오라는 초대와 또한 그의 집에 머물겠다는 예수의 환대는 삭개오가 변화될 수 있는 기회를 제공한다. 메시아의 정치에 참여하면서 모든 사람은 회개할 수 있는 기회와 하나님의 자유의 집에 모든 사람들을 포함시키고자 노력하는 일에 함께 동참할 수 있는 기회를 갖는다(마 5:25). 이것은 단지 과거의 이야기가 아니라, 예수의 현재 이야기이며, 우리의 이야기가 될 수 있다. 따라서 구스타보 구티에레즈는 다음과 같이 말한다:

> 당신이 주님께 소망을 두고, 역사 한가운데 있는 가난한 사람들의 구체적인 힘 속에 당신의 뿌리를 내린다면, 그 때 당신은 과거에 대한 향수 속에 사는 것이 아니다. 당신은 앞을 향해 나아가는 현재의 순간에 살고 있는 것이다.11)

Series (Geneva: World Council of Churches, 1980), 40-41.
10) Ahn Byung-Mu(안병무), "Jesus and the Minjung in the Gospel of Mark," *Minjung Theology,* 138-152; bell hooks, *Feminist Theory: From Margin to Center* (South End Press, 1984), 161.
11) Gustavo Gutierrez, *The Power of the Poor in History,* 200. 삭개오의 이미지

연대하기. 이 이야기가 우리의 이야기가 될 때 우리는 너무나도 많은 다른 사람들과 함께 움직이고 있다는 것을 발견하지만 그러나 결국 동일한 새 집을 공유하기에 이른다. 버니스 존슨 레이건은 변화를 위한 그 같은 연합이 갖고 있는 어려움에 대하여 명백하게 기술하고 있다.

> 당신은 단지 그것이 좋다는 이유만으로 연대하지는 않는다. 당신이 자신을 죽일 가능성이 있는 사람과 팀을 이루고자 시도하는 유일한 이유는 연대하는 길만이 당신이 살 수 있는 유일한 방법이라고 생각하기 때문이다.12)

나는 종종 그 같은 연합에 있어 생기는 문제에 사로잡혀 있는 나 자신을 발견하게 되는데, 그 이유는 다른 많은 백인 중산층처럼 내가 "일관성 있는 상태"에 있지 못하기 때문이다. 나는 인종, 국적, 교육, 직업적인 면으로 볼 때, 록 앙상블(Rock ensemble) 스위트 하니(Sweet Honey)의 리드 싱어인 버니스 존슨 레이건처럼 건방진 흑인 여성을 죽일 수도 있는 억압자의 집단으로 분류되는 특권적 계층에 속한다. 그러나 한 여성으로서 나는 피지배 그룹의 한 일원이며, 메시아적 정치에 참여하기를 원할 때 다른 피지배 그룹에 있는 사람들과의 연합을 필요로 한다. 여성이든 남성이든 유색인종이라면 누구나 나를 신뢰하지 못할 충분한 이유를 갖고 있으며, 나 역시도 모든 유색인종의 남성들을

는 부유한 사람과 메시아의 이야기에 자신들이 참여할 만한 것은 아무것도 없다고 생각하는 사람들에게 중요하다. Elizabeth Randall, "The Rich Young Ruler and Zacchaeus: Changing Paradigms," 해방신학에 대한 주제들에 대해 미출간된 논문, Yale Divinity School, 1985 참조.

12) Bernice Johnson Reagon, "Coalition Politics Turning the Century," in *Home Girls: A Black Feminist Anthology*, ed. by Barbara Smith (Kitchen Table: Women of Color Press, 1983), 356-357.

신뢰하지 못할 이유가 충분하다. 그러나 우리는 함께 일해야 한다.

내가 이런 연합을 수행하면서 겪는 어렵고 위험한 경우를 1983년에 열린 제3세계 신학자협의회(Ecumenical Association of Third World Theologians) 국제회의에서 경험하였다.13) 몇 년 동안 자신들만의 모임을 갖은 후에, 제3세계 신학자들은 제1세계로부터 온 해방신학자와 페미니스트 신학자들을 대화의 자리로 초대하였다. 이는 내게 매우 흥미진진한 시간이었다. 왜냐하면 참석한 모든 사람들이 메시아적 정치 참여라고 할 만한 이야기들을 함께 나누었기 때문이다. 우리는 자신의 상황에서 하나님께서 행하시는 해방의 사역을 이해하고 그 사역에 참여하기 위해 투쟁한 이야기들을 시작으로 비슷한 신학적 방법들을 이용했다. 그러나 억압하는 위치에 있는 인종, 그리고 억압자의 위치에 있는 국가로부터 참석한 우리들을 향해 의심하는 분위기가 있었으며, 나 역시도 대부분이 남성들로 이루어진 제3세계 국가 대표들을 의심하기도 했다.

그러나, 나는 우리 모두가 말과 행동으로 서로 서로를 경청했을 때 도달한 그 핵심은 고통(pain)이었다는 것을 발견하게 되었다. 억압받는 사람들에게 헌신한 결과로서 우리에게 주어진 십자가나 우리 자신의 주변화를 경험하게 되었을 때 우리가 수행한 신학은 해방신학이 되었다. 고난(suffering)당하는 가운데서 사람들과의 연대가 있을 뿐만 아니라 그리스도의 메시아적 고난을 함께 나누는 힘도 부여된다(막 10:35). 메시아적 정치는 권세들과 권력가들에 항거함으로서 당하게 되는 고난도 포함한다. 이 권력자들의 손에 의해 "하늘나라는 폭력에 시달리며," 하나님의 나라를 그들에게 빼앗기지 않으려 투쟁하는 사람들은 자신들의 여정에 위험이 따른다는 것을 알게 된다. 마르타 베나비즈는 마태복음 11장

---

13) L. Russell, "Reflections from a First World Perspective," in *Doing Theology in a Divided World,* ed. by Virginia Fabella and Sergio Torres (Orbis Books, 1985), 206-211을 보라.

12절을 인용하여 이와 같은 어려움을 이야기하면서 엘살바도르의 폭력 속에서 자신이 행했던 사역에 대해 다음과 같이 서술한다:

> 단지 잠을 잘 수 있기 위해서 당신은 하나님에 대한 신앙을 가져야 하며, 단지 침대에서 일어나기 위해서는 사람들을 신뢰해야 한다. 또한 마땅히 이루어져야 할 일을 당신이 할 수 있다는 것을 믿어야 하며, 매일 스스로에게 세례를 주어 평화를 열망하는 의지를 가져야 한다.14)

권력에 대항하며

메시아적 정치에 대해 가질 수 있는 확신이란, 사람들에게는 지배자의 권력에 대항할 수 있는 힘이 있다는 것이며 여기에는 반드시 희생이 따른다는 것이다. 월터 윙크에 따르면, 신약성서의 어떠한 책도 힘이라는 언어가 없는 책이 없기 때문에 메시아적 정치에서 "힘"이라는 용어는 "신약성서 전반에 널리 퍼져있는 힘의 언어를 언급한다고 말한다.15)

---

14) Marta Benavides, 1985년 10월 5일 예일 대학교 신학부에서 행한 표제가 없는 강연. 피오렌자에 의하면(*In Memory of Her*, 135), 이것은 소피아 전통에서 나오는 진술이다. 소피아의 무제약적인 선함을 선포하고 모든 자녀들을 환영하는 소피아의 사절들을 향한 폭력이 있다.

15) Walter Wink, *Naming the Powers: The Language of Power in the New Testament*, vol. 1, *The Powers* (Fortress Press, 1984), 7-8. 역시 보라. vol. 2, *Unmasking the Powers* (1986)(우리말 번역:『사탄의 가면을 벗겨라』, 박만 옮김, 한국기독교연구소) and vol. 3, *Engaging the Powers* (1992)(우리말 번역:『사탄의 체제와 예수의 비폭력』, 한성수 옮김, 한국기독교연구소), 그리고 근간에 출간될 책, J. P. M. Walsh, *The Mighty from Their Thrones: Power in the Biblical Tradition* (Fortress Press, 1987). 참조. Elisabth Schüssler Fiorenza, *The Book of Revelation. Justice and Judgment* (Fortress Press, 1985), 4. "만일 에른스트 케제만이 지적한 것처럼 유대교와 기독교의 묵시적 신학의 중심적 물음이 힘에 대한 물음이라면 그 때 계시록은 분명히 그 같은

아르카이(*archai*)와 엑소시아이(*exousiai*)에 대해 "권세와 정사들"(principalities and powers)이라고 익숙하게 해석한 번역은 "힘"에 관한 수많은 연구들의 초점이 되지만, 그 외에도 신약성서는 이에 대해 짝이 되는 많은 말들과 언어군을 갖고 있다: 힘, 권위, 위정자, 왕, 천사, 대제사장, 이름, 지혜, 위임 등이 그것이다. 예수의 가르침은 권위가 있었고 사탄의 세력을 쫓아내기 위해 치유하는 힘을 사용하시면서 보이는 힘과 보이지 않는 힘에 대면하셨고 이에 대한 대가도 치러야만 했다. 예수의 삶과 죽음 그리고 부활은 하나님의 통치가 힘과 영광 중에 나타나 죽음과 지배의 옛 구조에 대항한다는 모든 표시들이다. 예수는 자신의 행위로 다른 사람들을 하나님께서 행하시는 새로운 실재의 믿음과 새로운 삶, 그리고 파트너십으로 인도한다.

힘들에 관해 이름 짓기. 신약성서에 나오는 힘에 대한 용어는 유동적이고 부정확하기 때문에, 그 용어를 번역하면 오히려 부정확성만을 확대할 뿐이다. 하지만 윙크에 따르면, 예를 들어, "권위"(authority)와 "힘"(power)으로 종종 번역되는 두 가지 단어로 언어 사용의 양식(pattern)을 구별할 수 있다고 한다.

> 엑소시아(*exousia*)는 힘이 행사되는 합법성과 승인을 나타내며, 대체로 추상적인 경향이 있다. 디나미스(*Dynamis*)는 승인이라는 범주에서 엑소시아(*exousia*)와 겹치는데, 규칙(rule)이 유지되는 힘(power) 또는 세력(force)을 가리킨다.16)

> 힘들은 선과 악, 하늘의 것과 땅의 것, 그리고 신적인 것과 인간적인

신학을 명백하게 한 것이다."
16) Wink, *Naming the Powers*, 10.

것, 영적인 것과 정치적인 것, 그리고 보이지 않는 것과 구조적인 것 등 양면으로 이해된다. 사회 및 정치의 외부 구조는 모두 내면의 영적인 측면을 갖고 있는 것으로 이해되지만, 윙크의 견해에 따르면 일반적으로 그것들은 외부적 형태로 보인다는 것이다. 예를 들어 "권세들과 힘"은 두 가지 위치에서 인간 대리자와 제도들을 나타내는데 이런 형태가 누가복음서 12장 11절과 20장 20절에서 나타난다. 다른 여덟 가지의 언급은 좀 더 복잡하지만, 바울서신과 후기 바울서신에서는 천상의 의미와 지상의 의미로서 묘사된다.17)

에베소서 6장 10-20절은 그리스도인들이 신앙의 삶을 실천하지 못하도록 하는 것이 무엇인지를 증명하기 위해 힘에 관한 단어가 많이 사용된 매우 좋은 예이다. 저자는 하나님의 백성들을 보호하기에 충분히 강한 하나님의 무기라는 이미지를 사용하면서 다음과 같이 주장한다.

> 우리의 싸움은 인간을 적대자로 상대하는 것이 아니라, 통치자들과 권세자들과 이 어두운 세계의 지배자들과 하늘에 있는 악한 영들을 상대로 하는 것입니다. 그러므로 하나님이 주시는 무기로 완전히 무장하십시오. 그래야만 여러분이 악한 날에 이 적대자들을 대항할 수 있으며 모든 일을 끝낸 뒤에 설 수 있을 것입니다(엡 6:12-13).

여기서 힘의 이미지는 매우 시적으로 표현되어서 그 의미를 정확하게 말하기는 어렵다. 마르쿠스 바르트에 따르면, 그 힘이란 "지상의 문제들뿐만 아니라 보이지 않는 영역들까지 통치하며, 인간의 삶을 가능케 하는데 있어 필요불가결한 제도와 구조들을 의미한다고 말한다."18)

---

17) Ibid., 5, 7-8.
18) Marcus Barth, *Ephesians: Introduction, Translation, and Commentary on Chapters 1-3* (Doubleday & Co., 1974), 174.

현시대에서 힘의 이미지가 단지 "정치적 구조"일 뿐만 아니라 마찬가지로 영적인 힘을 포함하고 있다고 기억하는 한, 그것들은 세상의 역사를 인도하는 사회적, 정치적, 경제적, 문화적, 생물학적 구조라고 할 수 있다.19) 악한 힘의 영향 아래서 그 구조들은 선으로서의 힘을 배격하고 선한 힘 가운데 살고자 하는 사람들을 배척한다. 하나님의 힘이 하늘과 땅을 채우시는 것처럼, 이런 힘들은 창조의 모든 영역에서 작용할 수 있으며, 천상에서는 영적인 사악한 무리들로 불린다.

그런 악한 힘들에 대항하고자 하는 사람들은 하나님의 사랑의 힘과 승리를 확신하지만, 동시에 그들의 임무는 불의하고 억압적인 권력에 대항하는 것이다. 그들의 찬란한 전신갑주는 하나님께서 현실 세계에서 악과 맞설 수 있도록 고안하신 것이다. 오늘날 미국의 거대한 군사강국에 맞서고 있는 니카라과(Nicaragua)와 같은 작은 나라처럼, 소아시아의 작은 교회들은 하나님과 하나님의 새로운 자유의 집을 갈망하는 사람들 외에는 어떠한 희망도 둘 곳이 없다. 약속의 땅으로 가는 도상에 있는 하층민들("ragtag band")은 자신들이 공격을 받을 때조차도 자신의 행동으로가 아닌, 평화의 복음이라는 장비로 그들을 채비시키시는 분, 곧 하나님의 영으로 준비된다.

여기서 이 구절은 그동안 힘과 권위의 대안적 패러다임의 가능성에 대해 이야기해 온 모든 것에 반대하는 것처럼 보인다. 저자는 에베소 공동체가 가부장적 억압자들과 경쟁하고 로마인의 갑주, 즉 주인의 도구를 차지하도록 격려하고 있는 것처럼 보인다. 그러나 에베소서 6장 20절을 읽으면 말하고 있는 자의 당시 사회의 장소가 전쟁터가 아닌 감옥의 쪽방으로 묘사되고 있음을 발견할 수 있다. 바울은 "사슬에 묶인

---

19) Letty M. Russell, *Imitators of God: A Study Book on Ephesians* (Women's Division, United Methodist Church, 1984), 120.

사신"으로 묘사되고 있다. 그리스도를 위해 갇힌 자된 바울은 로마 간수 병의 갑주를 바라 볼 수 있었고 갑주에 부분 부분에 대해 메시아의 선물인, 평화와 의와 진리 그리고 신뢰와 "세상의 온유한 자들을 위한 평등" (사 11:2-7) 등으로 다른 이름을 붙여 다르게 사용하고 있다.

그렇다할지라도 이런 군대 은유는 지배하는 권위의 패러다임에서 끌어온 것이며, 폭력이 가득한 세상에서 위험한 남성적 이미지를 사용하여서 용기를 설명하고 있는 것이다. 사람이 어떻게 평화를 위해 일하고 힘과 맞설 수 있는지는 그 사람이 서 있는 위치에 따라 달라진다. 성서적 메시지는 다른 모든 메시지처럼, "상황에 따라 변수"가 되며, 그래서, 다른 장소에서는 다른 것을 의미할 수 있다. 전신갑주에 대한 에베소서의 본문은 지배자의 위치에 있는 사람들이 들으면 승리주의와 군사주의를 찬양하는 위험한 구실이 될 수 있으며, 뿐만 아니라 위안을 추구하는 내세적 메시지로 이용될 때에는 육체와 분리된 영성을 주장하며 현실을 회피하는 위험한 구실이 될 수 있다. 한편 초기 기독교 공동체처럼 죽음에 맞서 삶을 위해 투쟁하는 사람들에게는 모든 것이 실패했을지라도 하나님의 사랑의 힘에 대한 말씀들이 자신들을 계속해서 지탱해 나가게 하고 있음을 알게 된다.

힘을 변혁시키기. 이런 이유로 인해 힘이나 권위를 한 가지로 설명할 수 없으며, 어떻게 하나님에 의해 변혁되는지도 한 가지로 설명할 수 없다.[20] 사람이 종속적인 위치에 있을 때 힘의 변혁은 대항(confrontation)의 행위를 의미할 수 있으며, 반면 사람이 좀 더 힘 있는 집단에 있을 때에는 포기나 화해를 의미할 수 있다. 상황의 가변성(situation

---

20) Paula Cooey, "The Power of Transformation and the Transformation of Power," *Journal of Feminist Studies in Religion*, 1(1):23-36 (Spring 1985).

variability)은 각자 처한 사회적 상황이 모호하다 해도 권위를 허용하고 힘을 강화하는 방향으로 권위와 힘을 다루는 중요한 첫 번째 단서가 된다.

예를 들어 사람이 특정한 목표를 성취해내는 능력의 정도는 그 목표를 위해 사용가능한 전략이 무엇인지를 결정하는데 달려있다. 나는 종종 내가 친구들과 다투는 것은 내가 너무 예민하거나 다른 방법을 취하는 것을 못해서 싸운다고 말하거나, 또는 나는 정말로 다른 사람에게 상처 주는 것을 싫어하기 때문에 서로를 신뢰하고 다른 이를 해칠 의도가 없을 때에만 논쟁이나 경쟁을 즐긴다고 말한다. 그러나 힘의 관계에 대한 비판적 분석에 따르면, 단지 양쪽이 평등한 상황에서만 옛 전면전(toe-to-toe) 전투로 싸운다. 그렇지 않을 경우 사람들은 큰 힘을 소유하고 있는 사람들과는 전혀 다른 방법을 모색해 문제를 해결한다. 게릴라전이 대중화되는 것도 이런 이유 때문이다. 그리고 이와 같은 상황은 왜 여성들이 자신들의 목표를 이루기 위해 때로 묘책(manipulation)을 사용하는 지에 대한 이해를 돕는다.

전문적으로 목회 사역을 하는 여성들이 힘과 권위의 문제에서 왜 그토록 많은 어려움이 있는지를 이해하기 위해서는 이와 유사한 힘의 관계성에 대한 분석이 필요하다. 그들이 처음 사역지로 부름을 받아 파트너십의 권위를 행사하려고 결정해도 파트너십의 권위가 통하지 않는다는 것을 알게 된다. 새 여성목사는 힘이 상황에 따라 가변성이 있다는 것을 깨닫지 못한다. 그 여성목사는 성도들이 자신의 권위를 타당한 것으로 인정할 때까지, 힘을 분담하거나 권한을 행사할 수 있는 결정을 내리지 못한다. 그 여성목사에게는 사역과 안수라는 합법적 권위가 주어졌으나 성도들은 여성목사가 관습적으로 익숙해진 사제로서의 역할에 어울리지 않다고 보기 때문에 여성목사에게 주어진 합법성을 보지 못한다. 성도를 돌보는 사역을 하면서 주어진 업무를 수행하고 또한 주어진 사항들을 결정하고 대화에 임하면서 시간을 보내는 가운데 비로소 그 여성목사는 처음의 성차별적 태도를 극복할 수 있고 자신에게 권위를 부여하면서 동시에 다른 사람들과도 힘을 나눌 수 있을 것이다. 메시아적 정치의 전략은 관계된 상황과 힘의 위치에 따라 다양하다.

힘에 저항하는 입장의 두 번째 단서는 약자에게도 힘이 있다는 것을 기억하는 것이다. 약자는 강자와 마찬가지로, 파괴적인 방법으로든 건설적인 방법으로든 자신의 힘을 행사할 수 있다. 약자와 강자는 힘의 차이로 인해 서로 다른 유형(style)으로 수행해야 하지만 원하는 목표를 이룰 수 있는 힘은 동일하게 갖고 있다. 한나 아렌트에 따르면, 힘은 항상 "잠재적 힘"이며 항상 변할 수 있다고 한다.21) 사람들이 힘의 원천인 이유는 사람들이 힘에 결탁하기 때문이다. 약한 사람들의 순종과 생산으로 강자들의 힘은 더욱 커진다. 힘은 사람들 사이에 존재한다. 왜냐하면 사람들은 습관을 통해 권위와 보상 체계, 노련한 기술 그리고 통제하는 사람들이 사용하는 언어에 반응하기 때문이다.22) 하지만 사람들은 또한 이런 순종의 과정에 물음을 던질 수 있다. 예를 들어 엘리자베스 제인웨이는 순종의 과정에 물음을 던질 수 있는 그 두 가지 힘은 "불신"(disbelief)과 "함께 모임"(coming together)이라고 지적했다.23) 불신은 언어 그리고 사고와 행위의 패러다임을 통해 권력층이 행사하는 권위를 불법화하는 방법이다. 왜냐하면 권위란 사회의 약자들이 동의하는 관계성 속에서만 작용할 수 있기 때문에 불신은 힘에 반대하는 강력한 도구

---

21) Hannah Arendt, *The Human Condition* (University of Chicago Press, 1958), 200-201.(우리말 번역:『인간의 조건』, 이진우·태정호 옮김, 한길사)
22) Douglas P. Biklen, *Community Oranizing: Theory and Practice* (Prentice-Hall, 1983), 21-28.
23) Janeway, *Powers of the Weak*, 157-185.

가 될 수 있다. 그리고 "함께 모임"의 방법은 연대와 지원 체계, 그리고 약자가 대안적 사회와 세계의 비전을 지속시킬 수 있는 우정을 제공한다.24)

자유의 새 집을 창조하기 위해 힘에 반대하는 사람들을 위한 마지막 단서는 이원론을 피하는 것이다. 메시아적 정치뿐 아니라 권력을 간단히 분석하면서 우리는 구조적 또는 영적인 힘이나 정치적 구원 혹은 개인주의적 구원의 이원론적 입장을 인정하는 사람들은 자신들의 삶에서 행하는 지배적 힘의 강도에 대해 적절하게 분석하지 않는 것을 보았다. 하나님의 사랑의 전신갑주가 무엇보다도 더 필요한 이유는 권력이란 단지 혈과 육에만 해당되는 것이 아니라 마음과 영을 다스리는 연합된 지배의 영이기 때문이기도 하다. 우리가 본 것처럼, 메시아적 정치는 권력에 대항하는 사람들의 정치적 차원의 투쟁과 초월적 차원의 투쟁을 결합하며 그들의 투쟁을 순전히 세속적이거나 혹은 순전히 영적인 것으로 이해되도록 놓아두지 않는다.

같은 방법으로 윙크는 권력에는 항상 지배와 악의 위계구조에 대한 영적 측면과 물질적 측면을 포함하고 있다는 사실을 이해하는데 도움을 주었다. 윙크가 제시한 예는 라틴 아메리카로 여행하는 도중 그가 만났던 여인과 나눈 대화에서 나온다. 그 여인은 잔인하게 고문을 당했고 그 경험을 통해 인간이 어떻게 그렇게 악할 수 있으며 완전히 비인간적이 될 수 있는지를 이해하려고 하였다. 윙크가 말한 대로 "권력에 대한 우상 숭배는 사람들을 사로잡는다. 사람들은 악의 권력이라는 우상을 섬길 경우 그 악은 선하다는 명목 아래 우상에 굴복한다."25) 예를 들어

---

24) Janice H. Raymond, "Female Friendship and Feminist Ethics," in *Women's Consciousness, Women's Conscience,* ed. by B. Andolsen and others (Winston Press, 1985), 164-167. 참조. Raymond's *A Passion for Friends: Toward a Philosophy if Female Affection* (Beacon Press, 1986).

국가 안보라는 우상은 군사 보강과 인간 권리의 부정, 그리고 살인을 정당화한다. 왜냐하면, 그 우상에 반대하는 것은 무엇이나 악하기 때문이다. 그리스도인들과 용기 있는 모든 여성들과 남성들은 죽음의 우상에 대항하여 생명을 선택하여야 하며 죽음을 거래하는 힘들의 지배를 용납해서는 안 된다(신 30:19).26)

하나님의 가정

지배의 권위에 맞서는 사람들 가운데 그리스도의 현존하심은 사람들이 파트너십의 권위로 서로를 대할 수 있는 자유의 새 집을 가능케 한다. 하지만 자유의 집은 그 자체가 "힘과 영광"은 아니다. 이는 오히려 메시아적 정치의 실천을 통해 우리 가운데 일하시는 하나님 나라의 힘을 나타낸다. 그리고 그것은 하나님의 새 집이 단지 세상의 고난과 분리된 추상적인 영이 아니라 빵을 함께 떼며 세상의 가난한 사람들과 비참한 사람들과 함께하는 모든 남녀의 제자 됨에 나타난 실재를 말한다.

힘과 영광. 권력에 대항하는 사람들의 투쟁은 그레이엄 그린이 멕시코에서의 종교 박해를 그린 1940년대 소설 『권력과 영광』에서 잘 나타난다.27) 그 소설 속에서 순교자 사제는 도망갈 능력이 없어 남게 되어 박해받는 사람들 중의 한 사람으로 묘사되었다. 그린은 "위스키 사제"(whiskey priest)를 메시아적 인물로, 그리고 인질들 전부를 죽여서라도 마을 사람들을 구하는 데에만 몰두한 장교, 이렇게 두 인물을 대조시킨

---

25) Walter Wink, "Idol Time," *The Auburn News*, Auburn Theological Seminary, New York (Fall 1982), 2, 5.
26) Dorothee Soelle, *Choosing Life* (Fortress Press, 1981), 7.
27) Graham Greene, *The Power and the Glory* (Viking Press, 1940).

다. 이 소설에서 권력과 영광은 교회와 세상에서 아무것도 아닌 것으로 취급당했던 주변인들의 삶에서 탄생하는 것으로 그려진다. 하지만 사람들 사이에서 인식되었던 종교의 이중적 입장은 사제가 스스로를 죄인이며 포도주 중독자로 생각하지만 여전히 포도주와 빵을 구원의 수단으로 삼는 하나님의 사람으로 생각하도록 하고 있으며, 같은 방식으로 장교 또한 자신을 사람들의 구세주로 생각하지만 여전히 폭력을 삶과 죽음의 수단으로 삼는 전쟁의 사람으로 자신을 생각하게 한다.

권력과 영광은 이 십자가 처형의 드라마에서 잠시 볼 수 있지만, 여기서 보이는 권력과 영광은 사람들을 위해 당하는 고난을 의미하는 가부장적 종교의 숙명적인 형태로, 그리고 더 큰 고난을 의미하는 혁명의 형태로 사람들에게 보인다. 메시아적 정치의 대안은 권력에 반대하는 입장이 종교적 위임의 일부이지 대항이 아닐 수 있음을 주장한다. 사실, 정의와 평화를 위한 입장은 자유의 집을 창조하시면서 일하시는 하나님의 힘을 나타내며, 하나님의 "나라와 권세와 영광"을 나타낸다.

하나님 은혜의 권세가 함께 하는 것을 나타내기 위해 신약성서에서 사용하는 은유는 하나님의 왕국 혹은 하나님의 통치이다. 비록 왕국이라는 용어가 성서적 세상의 사회 현실로부터 끌어온 것이기는 하시만, 왕국이라는 언어가 카이사르의 통치와 같은 하나님의 지배를 나타내고자 하는 것은 아니다. 그보다는 예수의 비유와 비유적 행동에서 사용한 왕국이라는 용어는 우상파괴적이라고 할 수 있다. 예수의 행위는 가장 상부에 있는 왕국이라는 말을 거꾸로 함으로서 권위의 옛집의 최하층에 있는 사람들이 하나님의 왕국에서 으뜸이 될 수 있도록 하셨다는 것을 나타낸다(막 10:14; 마 19:30). 따라서 로즈매리 류터는 "우상파괴적이며 메시아적 비전에서 볼 때 현재 체제의 가장 최하위층에 있는 경멸받는 자, 소외된 자, 결국 특별한 방법으로, 천국에서 처음 될 자인 가장 작은 소자는 바로 여성이라고 말한다.[28] 마찬가지로 "하나님의 부성"은 가부장적 가정의 아버지와는 전혀 다르다는 것을 선포하며, 하나님의 나라를 찾는 사람들은 하나님의 자녀들, 곧 형제, 자매, 서로의 친구들로 인정된다(마 18:2-4).[29]

집으로서의 나라. 학자들은 왕국(kingdom)이라는 은유를 번역하는데 상당한 어려움을 느끼지만, 대부분은 그것이 장소의 공간적 이미지가 아니라 순종의 관계적인 이미지를 전한다고 생각한다. 하나님의 통치는 사람들이 창조를 개선하시고자 하는 하나님의 뜻을 행하는 곳이면 그 어디든지, 모든 장소, 곧 땅에서처럼 하늘에서도 발생한다. 나에게 있어 복음이란 왕국이 지니는 지배와 배타라는 옛 이미지에 대면하여, 사랑과 공동체라는 새로운 왕국의 이미지로 대체하는 분명한 방법 중의 하나가 집이라는 대안적 은유를 사용하는 것이라고 생각된다. 우리가 본 것처럼, 하나님의 환대에 대한 메시지를 전하는 비유에 자주 사용되는 은유는 집 또는 오이코스(*oikos*)다. 예를 들어, 누룩의 비유는 하나님의 집을 여성이 서 말의 가루에 넣어 발효될 때까지 기다리는 누룩으로 비유한다(눅 13:20-21). 만일 우리가 "집과 권세와 영광이 하나님의 것"이라고 기도한다면 이는 하나님의 권세와 영광이 지배가 아닌, 세계를 매일 돌아보시는 돌봄 가운데서 드러난다는 의미이다. 하나님의 힘은 누룩처럼 열악한 상황에서도 발생하지만 개인적이고 사회적인 관계를 변혁시키는 방법으로 역사한다.[30]

---

28) Rosemary Radford Ruether, *To Change the World: Christology and Cultural Criticism* (Crossroad Publishing Co., 1981), 55-56.
29) Sharon H. Ringe, *Jesus, Liberation, and the Biblical Jubilee*, 75.
30) Ibid., 4. Ringe는 비유에서 나타난 두개의 반전을 주목한다: 하나님에 대한 가정적 이미지, 그리고 유월절에 가정에서 사용이 금지된 물질로서가 아닌 오히려

신약성서에는 왕국에 대한 가정적 이미지가 풍부하게 나타난다. 그 중에서 식탁 교제가 선호되는 이미지이다. 존 쾨니히는 그의 책 『신약성서의 환대』에서 "예수님의 가르침 가운데 압도적으로 많은 이미지가 하나님 나라인데, 그 이미지에는 하나님의 피조물들을 위한 음식물과 집과 같은 피난처에 관한 것들이다"라고 말한다.31) 그런 축제적 가정 식사는 이방인, 가난한 사람, 아픈 사람, 그리고 불구자, 세리, 죄인, 그리고 창녀 들이 모두 환영받는 "희년의 축제들"(jubilee celebrations)이다 (눅 14:·15-24).

마가복음서 3장 24-25절에서 왕국(*basileia*)과 집(*oikia*)은 상호 교환적으로 사용되는데, 그 이유는 왕국이 통치자의 집일 수도 있기 때문일 것이다.

한 나라가 갈라져서 서로 싸우면, 그 나라는 버틸 수 없다. 또 한 가정이 갈라져서 싸우면, 그 가정은 버티지 못할 것이다.

이 비유가 있는 마태복음서 12장 25절의 번역에서는 또한 폴리스(*polis*, 노시)를 바실레이아(*basileia*, 왕국)의 오이키아(*oikia*, 집)와 교대로 사용한다. 하나님 통치의 비유로서 집은 오이코스(*oikos*)와 폴리스(*polis*) 사이와, 공적 부분과 사적 부분 사이의 분리를 초월할 수 있어서 모든 것을 하나님의 강력한 사랑의 무대로 주장한다. 이것은 포괄적인 온전성(inclusive wholeness)의 하나인 "예수의 하나님 나라(바실레이아) 비전"

긍정적인 상징으로서의 누룩(출 12:14-20).

31) John Koenig, *New Testament Hospitality* (Fortress Press, 1985), 42. Koenig 는 Sverre Aalen이 다음과 같이 말한 것을 인용한다. 그 왕국은 그다지 지배하는 행위를 나타내는 것이 아니다. 오히려 구원을 이루는 선한 것들이 통용되고 받아들여지는 공동체요, 집이요 영역이다. 보라 Aalen, "'Reign' and 'House' in the Kingdom of God in the Gospels," *New Testaments Studies* 8:223 (1962).

과 일치한다.32)

우리는 집과 왕국 사이의 언어와 은유의 결합 외에도 집의 이미지가 신약성서의 다른 부분에서는 파루시아(parousia, 재림)와 연관된다는 것을 안다. 사람들은 또한 하늘의 성전이나 거주지에 대한 요한복음 14장 2절뿐 아니라 집 또는 몸을 천상의 몸으로 비교하는 본문(고후 5:1-10; 벧후 1:13)에 대해서도 생각한다. 그리스도가 집으로 세운 새로운 공동체는 또한 "죽음의 세력"에 대항할 수 있다(마 16:18).33) 여기서 집은 교회(ecclesia)라 불린다. 이미 제2장에서 살펴 본대로 집에 대한 은유적 사용은 종말론적 형태로 점점 사라지며 신약 후기 전통에서는 교회와 동일시된다.

이런 상황은 하나님의 왕국에 대하여 "하나님의 집"이라는 용어를 사용함에 있어서 문제와 동시에 가능성을 야기시킨다. 이런 상황은 집이라는 용어와 베드로전서에 나오는 하나님의 집이라는 언어를 연결시키는 사람들을 혼란스럽게 한다. 베드로전서에서 저자는 교회 공동체를 "집이 없는 사람들을 위한 집"을 세우는 것으로 말하며, 또한 마찬가지로 하나님의 집인 교회에서 시작하는 심판을 말한다(벧전 2:4-10; 4:17).34) 신약성서에는 집에 대하여 함께 모인 공동체라는 이해와 더불어 새 하늘과 새 땅의 종말론적 실재라는 이해가 항상 있다.

마태복음서 25장에서 본 것처럼, 하나님의 집에 속한 사람들 가운데 그리스도인만이 있는 것이 아니다. 집이 의미하는 바에 대한 우리의 비전은 사적인 영역에서 여성과 노예와 어린이를 지배하던 로마의 집을

---

32) Fiorenza, *In Memory of Her*, 118-120.
33) "Oikia/oikos…," *Theological Dictionary of the New Testament*, vol. 5, ed. by Gerhard Friedrich (Wm. B. Eerdmans Publishing Co., 1967), 131-138.(우리말 번역: 『신약성서 신학사전』, 번역위원회 옮김, 요단출판사)
34) John H. Elliott, A home for the Homeless, 165-266.

넘어야 할 뿐만 아니라 이스라엘과 교회를 넘어서까지 확장시키는 것이 중요하다. 신앙의 집으로서의 교회는 오이코메네(*oikoumene*)의 모든 나라에서 일하는 하나님 권세의 표지로 불리기도 하지만 하나님의 개선된 세계의 집을 향한 다른 표지들도 있다.35)

그리스도는 권력에 의해 희생된 자들을 자유의 새 집을 함께 짓는 참여자라는 그리스도의 이야기를 갖고 환영한다. 그것들은 확실히 우리를 위한 메시아의 표지, 즉 가난한 사람들을 위한 성례전임에 틀림없다. 집에서 하는 식사의 성례와 더불어 가난한 사람들의 성례는 관리인으로서 환영하시는 하나님과 종으로서 현존하시는 그리스도를 나타낸다. 이런 현존은 권력에 저항할 때 희망을 포기하지 않는 가장 낮은 소자들 사이에 숨겨져 있다. 아드리엔 리치가 그녀의 시, "자연의 자원"(Natural Resources)에서 말한 대로:

나의 심장은 내가 구할 수 없는 모든 것에 의해 움직인다: 너무도 많은 것이 파괴되었다. 나는 세대와 세대를 넘어 오랫동안 특별한 힘없이 세상을 복원코자 하는 사람들과 운명을 함께 해야만 한다.36)

---

35) 근간에 출판될 책, M. Douglas Meeks, The Doctrine of God in Political Economy (우리말 번역: 『하느님의 경제학』, 홍근수·이승무 옮김, 한울)을 보라. Meeks는 경제적 정치적 구조 속에서 하나님의 정의를 재이미지화해야 한다는 필요성을 갖고 집의 비유를 이용하며 경제주의자로서의 하나님에 관하여 광범위하게 기술하고 있다.

36) Adrienne Rich, "Natural Resources," *The Dream of a Common Language: Poems 1974-1977* (W. W. Norton & Co., 1978), 67.

6장

훌륭한 살림살이

"자유의 집"이라는 은유를 갖고 파트너쉽으로서의 권위에 관한 책을 전개할 때 훌륭한 살림살이(good housekeeping)에 대한 논의는 아주 적절한 것이다. 분명 노예의 집에는 "좋지 않은 살림살이"에 대한 이야기가 많이 있었다. 그러나 페미니스트 접촉(feminist touch)의 경험은 페미니스트의 물음을 권위의 물음으로 돌리면서 지배의 가부장적 패러다임이 교회와 사회의 정신과 가슴 그리고 제도들을 통제한다고 경고해왔다. 교회가 종말론적 소명의 표지로서 그리고 하나님의 집 도구적 표지로서 실천해나가려 한다면 대청소가 요청된다.1)

우리 스스로가 새로운 권위의 관계 안에 있는 모습으로 보일 때 사방에서 수많은 물음들이 나온다. 어떻게 우리의 가족, 회중, 상회 연합, 사무직, 정당, 학교, 옹호 단체들이 좀 더 자유의 집에 사는 식구들과 같을 수 있을까? 다행이 만일 우리가 우연히 자유의 집의 입구를 보게 된다면 그것이 자유의 집인지를 어떻게 알 수 있을까? 어떻게 우리는 그런 집을 돌보고, 세상을 위하여 하나님께서 뜻하신 훌륭한 살림살이

---

1) 이 장에서 쓰인 자료들 중의 일부는 다음의 이름으로 출판되었다. "Authority in Mutual Ministry," *Quarterly Review* 6(1):10-23 (Spring 1986), 그리고 다시 수정된 형태로 허락 하에 다시 재판된다.

의 표지로 자유의 집을 세울 수 있을까? 성서신학과 교회론, 그리고 가족생활의 윤리를 재해석하기 위하여 새로운 권위의 패러다임이 함축하고 있는 것은 무엇인가?

신학 관련 서적의 마지막 장이 반드시 "해답"을 제시하는 것으로 마무리되어야 한다는 생각은 잘못된 것이다. 첫 번째로, 그 같은 어려운 물음들에 대한 쉬운 대답이란 없다. 가정은 서로의 사랑과 돌봄 그리고 신뢰가 발생할 때 생긴다. 그 같은 집들은 대량 생산되지 않는다, 자유의 집은 조립식으로 지어진 집이 없다! 분열된 세상 속에 파트너십을 창조하기 위해 노력하는 사람들의 삶 가운데 자유의 집이 의미가 있는지를 묻는 권위의 패러다임에 대한 몇 가지 단서들을 검토할 가능성만 있을 뿐이다. 두 번째로 자유의 집은 페미니스트/해방신학과 같은 유형이 아니다. 자유의 집이란 이론으로 시작하여 실천으로 옮기는 방식으로 행해지지 않는다. 그보다는 새로운 방법으로 행하는 신앙과 투쟁의 공동체로 시작하여 그 다음에 어떻게 이 경험이 새로운 물음과 사고의 방법들로 이끌어 질 수 있을지를 묻는다.

비록 쉬운 대답과 실례들을 갖고 있지는 않지만, 내가 말해 온 것은 나의 경험과 우리 교회와 사회의 위계구조에 대하여 비판적인 다른 많은 여성과 남성들의 경험 속에서 발견된다. 사실 나는 35년간 어떻게 교회를 전복하여 진정한 교회가 되게 하는지를 발견하는데 나의 노력을 기울여 왔다. 나는 동 할렘 개신교 구역에서 일하면서 회중의 선교구조를 계획하는 일을 도왔고, 1960년부터 지금까지 교회를 다른 사람들을 위해 헌신하기 위하여 그리스도의 이름으로 모인 사람들의 열린 공동체로 만드는 방법을 찾기 위한 노력을 멈추지 않았다.

한동안 나는 문제의 핵심을 발견했다고 생각했다: 바로 "성직자의 계열"(clergy line)이었다. 모든 재구성의 문제는 만일 회중 가운데 어떤 사람이 다른 사람들보다 더 높은 지위에 있다면 항상 하나의 피라미드의 유형으로 귀착될 것이다. 그러나 나는 권위의 문제가 성직자의 문제까지도 강조하고 있음을 점차로 보게 되었는데, 그 이유는 성직 안수(ordination)의 의미와 기능은 우리가 성직 안수식에서 부여되는 권위를 어떻게 이해하는가에 따라 달리 결정되기 때문이다. 현재 나는 미국 기독교교회협의회(National Council of Churches)와 세계교회협의회의 신앙과 직제 위원회에서 봉사하면서 "교회의 연합과 인간 공동체의 갱신"을 연구하고 있다.2) 이 연구는 인간의 회복을 위해 투쟁하는 교회들의 경험이 어떻게 교회의 새로운 자기이해와 연합에 대한 새로운 패러다임으로 이끌어 갈 수 있는지 발견하려고 노력한다. 이 연구에서 여전히 해결되지 않은 문제는 권위에 관한 어떠한 신학적 패러다임이 이 연구의 방법들과 문제들을 결정할 것인가라는 것이다.3)

이 책은 수년간 가부장적 지배의 패러다임과 억압을 정당화하는 것을 반대하는 자매와 형제들의 행동과 반성으로 시작한다. 나는 책에서 이미 사람들이 자유의 새 집을 창조하기 위해 무엇을 하고 있는지를 성찰한다. 그들의 이야기와 축적된 지혜는 권위의 새 패러다임이 그들의 경험을 더 의미 있게 만드는지에 대해 물을 수 있게 한다. 1981년 나는 상호적 관계가 어떻게 성장하는지를 탐구하기 위해 『파트너십에서의 성장』(*Growth in Partnership*)이라는 책을 출판했다.4) 그러나 관점의 변화 없이는 어떠한 변화의 실례도 현실에서의 변화를 창출해내지 못한다. 우리가 제2장에서 본 것처럼 인지적으로 불일치했던 축적된 경험이

---

2) "Minutes of the Standing Commission on Faith and Order," World Council of Churches, Crete, 1984, Faith and Order, Paper #121, 33-52.
3) Letty M. Russell, "Women and Unity: Problem or Possibility?" *Mid Stream* 21(3):298-304 (July 1982).
4) L. Russell, *The Future of Partnership* 또한 보라.

변환될 때 패러다임의 전환이 사람들과 훈련 그리고 사회전체를 위해 발생한다. 옛 지배의 패러다임이 더 이상 통하지 않고 사람들이 어떻게든 돌이켜 하나님의 집의 일꾼들을 받아들일 때, 사람들의 관점도 달라지고 행동도 달라진다.

   이 마지막 장에서 훌륭한 살림과 나쁜 살림에 대한 암시들은 우리의 물음에 대한 해답으로서가 아니라 계속된 여정 가운데 있는 우리를 도울 수 있는 단서로 계획된 것이다. 나는 지배의 권위가 어떻게 온정주의와 자율성의 형태를 통하여 기능하는지를 간단히 분석한 다음에, 파트너의 관계성에서 발견될 수 있는 자유의 집을 세우기 위한 단서들을 살펴볼 것이다. 마지막으로 하나님 자신이 "우리 형제, 자매들 가운데서도 지극히 작은 소자"와 파트너십을 가지시는 그 표지가, 집을 향한 우리의 여행을 계속하게 하는 단서가 된다. 이 여행 중에 오직 성령만이 훌륭한 살림에 대한 승인을 인증하지만 우리의 제한된 관점은 어떻게 자유의 집을 향해 계속 전진할 수 있는지에 대한 몇 가지 힌트만을 제공할 수 있다.

온정주의와 자율성(Paternalism and Autonomy)

   공동체 안에서의 권위에 대한 이해가 오늘날 기독교 교회 안에서 어떻게 표현되는지에 대해 물을 때, 우리는 좀 더 일반적인 것으로 이해되는 권위의 모델이 바로 공동체 위에 군림하는 권위의 모델임을 발견한다. 우리는 그다지 어렵지 않게 오늘의 교회들이 예수께서 보여주신 세상의 위계구조에 대한 비판과 사회에서 버림받은 사람들과의 연대에서 나타난 파트너십의 패러다임을 따르기보다는, 고대 근동 사회에서 형성된 가부장적 권위의 이해에 대한 많은 짐을 여전히 떠맡고 있다는 것을 발견할 수 있다.

　관계적 연합. 리처드 세닛은 그의 책 『권위』에서 권위의 관계성이 교회 역사에서 전개되어질 때 권위의 관계성에 대한 사회적, 심리적 역동성에 대한 어떤 점을 이해하도록 돕는다. 세닛에 의하면, 권위란 사람들이 다른 사람들의 실제적인 힘이나 혹은 상상의 힘 속에서 자신들이 필요한 안정감을 발견하기 때문에 강제나 설득 없이도 동의하도록 인도하는 관계적 연합이라고 설명한다.5) 그의 분석은 어떻게 가부장제가 변하는지, 그러나 보다 성숙한 협력의 관계를 토대부터 잘라버리는 온정주의와 자율성과 같은 비합법적 형태로 여전히 교회와 사회에서 계속되는지를 이해하도록 돕는다. 그의 분석은 또한 지배하는 힘으로서의 권위가 가족관계 속에서 계속해서 많은 종류의 심리적, 물리적 야만성을 정당화시키고 있다는 것을 밝혀낸 면에서 중요하다.6)

　세닛의 사회-역사적 설명에 따르면, "가부장제"란 사람들이 의식적으로 혈연을 통해 연장자인 남성에게 복종을 요구하는 혈연관계로 맺어진 사회적 관계를 가리킨다. 비록 이런 권위의 전통은 하나님의 집에 대한 예수의 가르침과 초기 교회 생활의 모델에 의해 의문시되었음에도 불구하고, 로마 제국의 문화와 하나님을 가부장제의 수장으로 묘사하는 신학 전통에 의해 가부장제의 권위가 재 강화되었다.

　서양 중세 사회에서 전개되어온 권위에 대한 패러다임은 세습적이다. 재산은 남성의 계보를 통해 세대마다 전달되기 때문에 가장 연장자인 남성의 손에 통제권이 달려있다. 그러나 현대 산업 사회의 도래로

---

5) Sennett, *Authority*, 16-27.
6) Marie Marshall Fortune, *Sexual Violence: The Unmentionable Sin* (Pilgrim Press, 1983). R. Ruether, "Politics and the Family: Recapturing a Lost Issue," *Christianity and Crisis* 40(15):261-266 (Sept. 29, 1980) 참조.

세습제는 점차 사라지고 현재 우리가 살고 있는 서양 세계는 두 가지 양식의 가부장적 권위, 곧 온정주의와 자율성이 지배적인 사회이다.7)

세닛은 온정주의를 계약서 없는 남성 지배의 형태로 묘사한다. 남성들은 여전히 가부장적 언어를 사용하지만 그들의 지배에 찬성하는 사람들에게 안정을 제공할 재산이나 힘은 거의 가지지 않는다. 세닛은 온정주의가 양육과 돌봄을 주장하지만, 의존으로 이끄는 잘못된 사랑의 권위라고 부른다.

현대의 가부장적 권위의 또 다른 부당한 형태가 자율성이다. 사회에서 남성 지배는 온정주의를 반대하고 누군가에 대한 의존으로부터 자유하기를 추구하는 사람들에 의해 공고히 되었다. 그런 사람들은 우위성을 나타냄으로 자기-충족을 완성하려는 주장을 통해 힘을 행사한다. 세닛은 그런 자율성을 사랑 없는 권위라고 부른다.8)

권위의 개인적 관계의 전개에 대한 분석은 어떻게 교회 회중과 성직자가 파트너십의 복음을 설교하면서도 계속 지배와 복종의 집으로 기능하는지를 좀 더 정확하게 이해하는데 도움이 된다. 또한 이런 분석은 훌륭한 살림을 위한 협력적 관계의 토대를, 상호관계를 통해 사람들이 필요로 하는 연대와 돌봄을 주고 이들의 힘을 강화함으로서 반응하는 자유의 권위 위에 두도록 돕는 데 있다.

회중 속에서의 권위. 온정주의는 회중들에게 가장 지배적인 권위의 양식처럼 보인다. 온정주의는 의존적 관계를 통해 사람들을 지배할 목적으로 사람들이 필요로 하는 힘과 확신을 이용하는 잘못된 사랑의 권위가 될 수 있다. 권위에 대한 가부장제의 토대가 대부분 사라졌음에도

---

7) Sennett, *Authority*, 50-83.
8) Ibid., 84-124.

불구하고 온정주의는 성직자와 교회 지도자들이 계속해서 가부장적 전통의 언어와 이미지를 사용하도록 허용한다. 사람들이 다른 사람들을 지배하기 위해 힘을 행사할 때조차 그들은 의존의 감정과 반응을 불러일으키도록 부성적인 돌봄의 언어를 사용할 수 있다. 따라서 교회지도자들은 지도자 위치에 대한 어떠한 위협 없이도 돌봄과 양육, 섬김의 사역을 행할 수 있다. 교회의 지도자들은 그런 돌봄이 필요하지 않을 때조차도 어떠한 그룹을 만나고 어떤 커리큘럼을 사용할지를 강하게 통제한다.

사람들은 자신은 물론 다른 사람들을 도울 수 있도록 하기 위해서 의존심을 없애게 하는 훈련이 필요하다. 사람들은 또한 자신들로 하여금 의존하게 하고 불안하게 하며, 빈곤하게 하는 돌봄은 필요로 하지 않는다. 예를 들어, 회중이 성서의 이야기를 이해하고 실천하는 기회를 가지도록 인도하는 설교를 하거나 가르치는 것을 거부하고, 사람들로 하여금 계속 의존하도록 지식과 기술의 권위를 시용하는 것을 온정주의적인 것이라 할 수 있다. 그들이 그룹의 이야기와 행위를 통하여 스스로 메시지를 찾도록 격려하기보다는 그저 메시지를 전달받기만 할 때, 그들은 메시지를 준 사람에게 계속 의존하며, 스스로 다른 사람들과 말씀의 사역을 함께 수행하는 것을 배우지 못한다. 온정주의적 권위의 극단적 형태는 사람들을 해치고 의존하게 만드는 행위와 정책을 수행하는 한편, 사람들을 아버지로서 돌보도록 하는 것이다.

반대의 극단은 자율적 권위로, 자율적 권위는 힘의 이미지를 다른 사람에게는 절대적으로 필요한 존재이기는 하나, 자신은 전혀 다른 사람들을 필요로 하지 않는, 완전히 자기 충족적이고 난공불락인 듯이 보이는 힘의 이미지를 투사한다. 이런 개인주의의 형식은 사실, 백인 서양 사회에서는 상당히 가치 있는 그래서 부러움을 사는 특성이다. 따라서 모든 사람들이 상호의존적이라는 것을 우리가 종종 잊어버린다는 사실이 그리 놀랄만한 일은 아니다. 자기의존(self-dependence)을 발전시키는 것은 완전한 상호의존으로 이끄는 성숙의 한 과정이다. 자기신뢰란 사역하는 사람들을 위해서건, 다른 그룹의 사람들을 위해서건, 그 자체가 목적이 되는 것은 아니다.[9]

설교 또는 가르침에 있어서 권위와 경청자의 자율적 관계는 발화자가 마치 모든 것을 알고 모든 것을 소유하고 있는 듯한 태도로 침착하게 자신의 기술과 지식을 나열하는 것으로 나타난다. 권위에 대한 결속은 모든 경청자들이 발화자가 매우 강력하고 지혜로워서 공개적으로 도전할 수 없다고 생각하는 탁월성(superiority)의 이미지를 통해 형성된다. 화자에게 부여하는 이런 탁월성의 이미지가 청자들에게는 열등감과 함께 의존심을 갖도록 재강화하는 역할을 하기도 한다. 그럴 때 청자들은 사유와 행위에 있어 건강한 독립성을 발전시키기 위한 어떤 시도도 공동체의 생활에서 시행하려고 하지 않게 된다.

모든 사람들은 자신의 삶에서 자기의존을 개발해야 한다하더라도, 목회자, 고용주, 정부 관료들이 과시하는 자율적 행위에 대해 복종하는 것은 열등감과 의존심을 더욱 강화시키기도 한다. 따라서 자율적 권위의 행사는 사람들로 하여금 자신들도 이웃과 세계를 위해 하나님과의 공동책임을 가져야 한다는 생각을 부정하도록 만들기 때문에 목회 사역에 있어 창조적 대안은 아니다. 온정주의 또한 기독교 공동체의 삶과 성장에 대해 도움이 되지 않는다. 온정주의가 갖는 권위는 평신도 특별히 여성들이 의존적으로 남아있어야 한다는 당위성을 정당화하기 위해 가부장적 이미지를 계속해서 사용한다. 자유의 집에서 상호의존성을 키

---

9) Carol Gilligan, *In a Different Voice* (Harvard University Press, 1982), 74.(우리말 번역: 『다른 목소리로』, 허란주 옮김, 동녘)

워낼 수 있는 대안적 권위의 패러다임은 파트너십으로서의 권위라는 것이 나의 주장이다.

집의 조성

파트너십은 상호 관계성을 통하여 서로에게 힘을 부여하기 위해 상호간의 연대와 서로의 돌봄에 대한 인간의 필요를 이용하는 자유의 권위라 할 수 있다. 파트너십만이 온정주의적 권위와 자율적 권위의 형식에 대한 유일한 대안이라고 하는 것은 아니다. 그러나 파트너십에 토대를 둔 사람들의 동의는 인간의 전체성과 공동체를 회복하기 위해 손을 내미시는 예수의 행위뿐 아니라, 인류와 자유롭게 동반자가 되시는 하나님의 행위에 대해 좀 더 큰 반응을 보일 것이다. 파트너십에 관한 책에서 나는 파트너십을 다른 사람들을 위해 우리를 자유케 하시는 예수 그리스도 안에 나타난 새로운 관계의 초점으로 묘사한다.10) 믿음처럼, 파트너십--코이노니아(*koinonia*)--도 그리스도의 사랑의 선물로서 우리에게 다가오시는 하나님과 다른 사람들과의 신뢰의 관계이다. 믿음처럼 파트너십도 배우는 것이 아니라 사로잡히는 것이다. 코이노니아는 신약성서에서 누군가와 무엇을 함께 나눈다는 것을 나타낼 때 자주 사용되는 단어이며, 보통 상호의존적 공동체를 세우는 예수 그리스도 안에서 공동의 연합을 강조한다. 이런 강조점은 주거나 받는 것, 참여 혹은 공동체라는 양측의 관계에 그 핵심을 두고 있다(고전 10:16-17).

파트너십 강화하기. 이 새로운 관계의 초점에는 보다 넓은 공동체와의 상호연관 속에서 행하는 지속적인 헌신과 공동의 투쟁이 있다. 그

---

10) Russell, *Growth in Partnership*, 22-29.

관계는 선물로 생긴다고 할 수 있다, 그럼에도 불구하고 헌신이란 다양한 은사와 자원들을 공유하는 사람들 사이에 책임감과 취약점(vulnerability), 평등 그리고 신뢰가 있는 곳에서 성장할 수 있는 것임을 안다. 파트너십이란 하나님의 새 집이 가지는 "이미 시작되었으나/아직은 성취되지 않은"(already/not yet) 특성을 공유하는 살아있는 관계이기 때문에, 파트너십의 관계가 우리 모두를 공동의 투쟁과 일 그리고 관련된 과제와 지속적인 성장 그리고 그룹을 초월한 목표나 계획을 향하여 나가도록 희망으로 이끌어 감으로써, 파트너십이란 항상 과정 중에 있는 것이며 결코 멈추지 않는 것이다. 파트너십이란 하나님, 사람, 그리고 창조세계와의 관계 속에서 계속 성장하는 상호 의존성을 포함한다는 것은 매우 자명하다고 할 수 있다. 사람들과 사회 구조들 그리고 가치와 신념들로 이루어진 보다 넓은 공동체와의 상호교류는 서로에 대한 후원과 교정, 그리고 반대의견을 제시하는 피드백을 제공하는데 도움이 된다. 그런 역동적 그룹 안에는 결코 완전한 평등은 존재할 수 없지만 협력자들 사이에서 서로 다른 은사들을 동등하게 인식하고 서로를 존중하는 양식은 매우 중요하다.

파트너십의 권위는 사람들이 서로가 서로에게 협력자가 되려고 노력할 때 공동체 안에서 성장한다. 설교에 있어서 이런 현상이 의미하는 바는 설교를 준비하는 그룹 성경 공부에 의해 상호성이 발전된다는 것을 말한다. 그래서 설교는 공동체의 행위와 통찰력 그리고 의문점을 함께 나누는 장이 될 것이다. 설교는 회중들이 무엇을 믿어야 하고 행해야 하는가에 대한 물음에 답변을 제공하기보다는, 하나님의 지속적인 행위의 일부로서 회중의 계속적인 삶을 고양하기 위해서 설교자의 신학적 훈련과 은사를 이용하는 것이다. 참여자들의 이야기는 공동체가 설교의 상호 사역을 발견할 때 성서적 해석의 도구가 될 수 있을 것이다.

권위에 대한 이런 다양한 대안으로서 관계적 연합을 볼 때 온정주의는 공동체 위에 군림하는 옛 가부장적 권위 패러다임의 희미한 모방이라는 것을 볼 수 있다. 그러나 우리 사회에서 온정주의는 공허한 수사학과 상투적인 가족의 단조로움과 더불어 의미의 상실과 소외를 숨기는 수단이 되어왔다.11) 온정주의는 교회 안에서 신앙과 행동에 있어 의존성과 미성숙의 죄를 자초한다. 자율성 역시 자유의 집을 세우는데 유익하지 못하다. 자율성은 공동체 밖으로 자기중심적 권위를 주장함으로 의존성에 반대하지만 마찬가지로 기술 사회의 건전성에 재앙적인 결과를 초래했다. 자율성은 또한 교회 안에서 객관성과 탁월함의 수사학으로 가장한 교만과 이기심의 죄를 자초한다. 비록 공동체 안에서 파트너십의 권위를 거의 엿볼 수 없지만, 파트너십의 권위야말로 사랑과 용납으로 우리 자신의 짐과 상호 돌봄에 있는 이웃을 그들의 짐으로부터 자유롭게 하시는 예수 그리스도의 자유에로의 진정한 초대이다(갈 6:2).

구조를 전복하기. 많은 사람들은 어떻게 우리가 지배의 가부장적 형태로 이미지화된 권위를 넘어서 대안적 권위 구조를 개발할 수 있을까에 대해 관심하고 있다. 우리는 여전히 이런 지배적 관계인 가부장직 형태 속에 살지만, 그럼에도 불구하고 사회과학의 통찰력을 이용하여 가부장적 권위의 형태들을 전복하고 좀 더 많은 사람들이 자유의 새 집에서 공간을 마련할 수 있는 가능성을 열어줄 수 있다. 현재의 환경에서 살면서 계속해서 대안적 미래의 실재를 실천하며 사는 것은 양문화적(bi-cultural)일 수 있다.12) 이것은 하나님의 살림에 참여하고 싶어하는

---

11) Rosemary Radford Ruether, "Family, in a Dim Light," *Christianity and Crisis* 43(11): 263-266 (June 27, 1983).
12) Gayraud S. Wilmore, "Religion and American Politics: Beyond the Veil," in *Churches in Struggle: Liberation Theologies and Social Change in North*

사람들을 위한 생존 기술이다. 우리는 옛 노예 집의 사회 구조와 심리적 역동성을 앎으로 우리의 삶과 제도에서 그런 구조를 전복하고 그들의 힘을 제한하려는 노력을 할 수 있다. 전복은 하나님의 종말론적 집을 완전히 실현하기에 앞서 이 시대의 힘에 대항하는 가장 분명한 방법이다.

리처드 세닛은 그의 책 후반부에서 권위의 역동성에 대한 몇 가지 심리사회적 단서를 제공한다. 예를 들어 구조가 온정주의적이고 가부장적인 위계구조일 때조차도, 명령의 상하 연결구조에서 연결을 파괴함으로(disrupting the links) 민주주의와 단체의 참여를 증가시키는 것이 가능하다는 것이다.13) 이런 행동 유형은 문제나 "무질서"를 일으키는 것처럼 보일 수 있지만, 실제로 단체의 조직과 태도에 도전을 주고 개방하게 함으로 실재가 어떻게 기능하는지 더 잘 볼 수 있게 하며 또한 무엇이 진행되고 있는지 더 잘 이해할 수 있도록 한다. 지배의 권위는 상부에서 하부로의 명령 사슬을 통하여 작용한다. 지배로서의 권위는 힘을 행사하는 권리가 의문시되지 않고, 조직의 구조가 이해되지 않을지라도 그저 묵인할 때 가장 효과적으로 작용한다. 만일 우리가 무정부 상태나 지배적 시스템의 흡수를 피하고자 한다면 양문화적 비전을 반영하는 와해 전략을 개발해야 한다.

세닛은 우리가 시도해 볼 만한 몇 가지 전략들을 제안한다.14) 권위적 위치에 있는 사람들과의 토의에서는 "적극적인 목소리"를 요구하는 것이 중요하다. "이미 결정되었다"는 말로 선언되는 명령은 누가 그리

America, ed. by William K. Tabb (Monthly Review Press, 1986), 321-325을 보라.

13) Sennett, *Authority*, 165-190.
14) Ibid., 175-190. Letty M. Russell, "Women and Ministry: Problem or Possibility?" in *Christian Feminism*, ed. by Judith L. Weidman, pp. 75-94 참조.

고 왜 결정하였는가가 설명되어야 하며 그렇게 함으로서 취해진 결정에 대해 의문이 제기될 수 있다. 두 번째 제안은 사람들에게 주어진 범주와 역할이 논의될 필요가 있다는 것이다. 아마도 어떤 특별한 결정을 내릴 때 꼭 참여할 필요가 있는 다른 사람들도 있을 수 있으며, 아마도 결정된 일들을 다른 방법으로 시행할 수도 있을 것이다. 회중들 가운데는 예절과 질서란 교회 체제와 전통이 내린 해석에 대해 전혀 의심하지 않고 받아들이는 것이라고 여기기보다는 오히려 다른 가능성을 모색하는 사람들도 있는 것이다. 교회 의회가 단지 위기 속에 있는 여성들과 아이들을 목회할지 결정할 권리가 회중에게 있다고 해서, 그 회중들이 희생의 경험이나 중재와 상담의 경험이 있는 사람들에게 문의하지 않고 결정을 내릴 수 있다는 것을 의미하는 것은 아니다.

관습적인 명령의 사슬을 와해시키는 두 가지 다른 중요한 방법들은 "역할 교환"(role exchange)과 "온정주의에 대한 도전"(challenging paternalism)이다. 역할 교환은 책임적 위치에 있는 사람들이 교대(rotation)하거나 일시적 불평등을 통하여 "종속적 임무"를 떠맡기 때문에 일의 질서를 뒤바꾼다. 나는 동 할렘 개신교 교구에서 목사로 있을 때, 역할 교환을 하곤 했다. 청소부와 비서가 가르침과 예배 그리고 선화하는 일을 분담할 수 있도록 하고, 나는 청소와 타이핑의 일을 함께 나누어 하곤 했다. 나는 교회를 운영하기 위해 실제로 해야 하는 것에 대해 좀 더 배웠고, 나의 동역자들은 사역을 위한 그들의 재능에 대해 좀 더 배우게 되었다.

온정주의에 대한 도전은 어떤 특정한 행위가 실제로 도움이 되고 유익하다고 하는 가정에 대해 물음을 던질 때 발생한다. 교회 안에는 사람들을 더 의존적이 되도록 하는, 그래서 반대해야만 하는 양육과 돌봄의 약속들이 많이 있다. 예를 들면, 사람들이 공짜 음식을 바랄 수밖에 없는 원인적 상황을 바꾸고자 하는 실천이 없이 음식과 돈을 주는 행위는 도전받아야 한다는 것이다. 사람들은 자신의 힘을 고취시키고 자신을 돌볼 수 있는 능력을 얻도록 도와주는 봉사나 사역을 선호한다. 비록 직접적인 도움이 긴급할 때 필요하지만, 때때로 이것은 가난한 사람들의 의존과 종속을 증가시키거나, 부유한 사람들 사이에 잘못된 우월감을 증가시키는 방법이 되기도 한다. 다른 사람들의 행위뿐 아니라 우리 자신의 행위를 비판적으로 반성하는 것은 봉사와 선을 행함에 관한 수많은 온정주의적 가정에 도전하는데 유익할 수 있다.15)

이런 것들 중 어느 것이라도 교회를 진정한 교회로 존재하도록 전복시키는데, 비록 가장 극적인 방법들은 아닐지라도, 새 집에서 요청되는 관계가 나타나도록 공간을 마련하는 시작 단계가 나타낸다. 자유의 집은 하나의 구조나 형태가 아니다, 자유의 집이란 단순히 세상을 위한 그리스도의 집을 돌보는 사역에 참여하는 둘 혹은 세 명의, 또는 이천 또는 삼천의 사람들이 그리스도의 이름으로 모인 것을 나타낸다. 종종 이런 집들은 교회의 성소의 형태로, 혹은 기초 기독교 공동체의 형태로 또는 정의와 평화를 위해 일하는 살롬 공동체의 형태로서 기존 회중들 안에서 발견된다. 그런 회중들에 대한 사역은 종교가 종종 "정치적 메시아니즘"의 도구가 되는 사회에서 중요하다.16)

그러나 종종 자유의 집들은 파로이키아(paroikia) 곧 억압받은 사람들의 필요와 하나님의 훌륭한 살림이라는 계획의 주변으로 모여들어 교

---

15) 사회적 이슈를 분석하는 데 도움이 되는 책, Joe Holland and Peter Henriot, *Social Analysis: Linking Faith and Justice*, rev. and enl. ed. (Orbis Books, 1984).

16) William K. Tabb, ed., *Churches in Struggle: Liberation Theologies and Social Change in North America*, pt. 5, "Political Action and the Mission of the Church," 268-325.

회라고 하는 집 밖에서 부류를 형성하는 사람들 사이에서 엿볼 수 있다. 그런 그룹은 자신을 분리된 교회로 여기지 않기 때문에 고전적 사회학에서 "분파"(sects)라고 불리는 것과는 다르다. 그럼에도 불구하고 그들은 다른 파로이키아 그룹이 가지는 특성을 공유한다.17) 이들은 가난한 자들, 주변인들, 그리고 사회의 피지배층과 결속하는 독특한 정체성을 갖고 있다. 그들의 내적 응집력은 위계구조로부터 나오는 것이 아니라 우리 세계를 잠식하고 있는 억압의 그물망에 반대하여 변화를 위한 투쟁에 헌신하는데서 나온다. 그들은 모든 사람들이 완전한 인간으로 대우받게 될 새 집의 비전에 호소함으로 고통과 희생의 현 상황을 바라본다.

이런 상황의 한 예가 "여성-교회" 그룹의 발전이다. 이 그룹들은 초기 평등 기독교 공동체를 그들의 삶의 모형으로 이해하지만, 모임에 참여한 남성들과 여성들이 다양한 만큼 많은 형태와 다양성이 있다. 엘리자베스 피오렌자는 여성 교회를 "남성이 만든 모든 전통적인 교파적 선을 초월하는 자기-정체적인 여성과 그런 여성과-동일시하는 남성들의 페미니스트 운동"이라고 묘사하고 있으며, 이 여성교회는 가장 멸시당하는 여성들과의 결속에 헌신하고 있다.18)

이 그룹들은 로마 가톨릭 여성들 사이에 특별히 많은데 그 이유는 그들이 교회에서 성직안수와 결정권에서 배제되어 있기 때문이다.19)

---

17) John H. Elliott, *A Home for the Homeless*, 102-106. 엘리옷은 베드로 전서 1장에 나오는 분파의 특성에 대해 설명하고 있다.

18) Elisabeth Schüssler Fiorenza, *Bread Not Stone*, 7-8.

19) Marga Buhrig, "The Role of Women in the Ecumenical Dialogue," *Concilium* 182 (6/1985): Feminist Theology, 97. Buhrig는 말하기를, 교회 내외부에서 점점 증가하는 많은 여성들은 불변하고 가부장제적으로 구조화된 교회에서 행해지는 직무를 그저 받아들이는데 만족하지 않는다. 그들은 참여, 대화, 파트너십, 비위계적, 상호 교류적 목회라는 표현으로 나타낼 수 있는 새로운 교회의 모델(예를

하지만 그들은 그들이 속한 회중의 언어와 행위에 의해 끊임없이 무시당하고, 거부되었으며, 소외당했다고 고백하는 여성들에게 후원공동체를 제공한다. 좀 더 포괄적인 독서를 위해 몇몇 사람들이 여성 가이드(Womanguides)와 여성 교회를 위한 예식서를 발전시켰고, 이 두 책은 로즈매리 류터가 편집했다.20) 이들은 속박의 옛 집에서 가장 밑바닥 층을 구성하는 사람들에 초점을 맞춤으로 자유의 집을 세우고자 시도한다.

최하위 계층으로부터 오는 권위

이것은 공동체의 권위 관계들에 대한 새로운 은유의 길을 찾는 중요한 단서이다. 힘과 권위의 관계들은 인간의 상호작용 속에서 끊임없이 변하기 때문에 이 단서가 수학적으로 엄밀한 평등의 형태를 말하는 것은 아니다. 그 단서란 권위의 토대가 위에서 아래로 위계적으로 형성된 구조에 있는 것이 아니라 오히려 가장 아래에서 세워지는 권위를 말한다. 제시 잭슨은 1984년 히스패닉들에게 한 연설에서 다음과 같이 표현했다.

> 흑인과 히스패닉의 토대가 함께 연합할 때 위에서 군림하는 모든 사람들이 이 상황에 적응해야만 한다. 우리는 모든 것이 위로서 이루어지는 사회에서의 가장 밑바닥이 아니라, 모든 것이 시작하는 토대이다.21)

들어 여성교회)을 찾고 있다. The Mud Flower Collective, *God's Fierce Whimsy* 또한 보라.
20) Rosemary Radford Ruether, *Womanguides: Readings Toward a Feminist Theology; Women-Church: Theology and Practice of Feminist Liturgical Communities* (Harper & Row, 1986).
21) Jesse Jackson, "Converging Interests and a New Direction," 1984년 4월 16일

가난한 사람들과 주변인들, 그리고 집 없는 사람들과 하찮게 여김을 당하는 사람들을 위한 하나님의 선택은 우리를 보내어 사람들 사이에서 하나님의 능력이 이 세상에서 어떻게 역사하는지를 보게 하신다. 자유의 새 집에서 나타나는 가장 중요한 핵심은 바로 자유하지 못한 사람들임을 우리는 발견한다. 우리가 그들을 자유의 새 집으로 환영하면 우리가 현실을 바라보는 관점에 큰 변화가 생긴다. 파트너십 혹은 사귐(koinonia)의 포괄적 권위를 향한 패러다임의 전환을 야기한다. 우리는 사회 바닥층에 있는 사람들과 연대하고 기대하는 행위에 동참하면서 우리가 서로를 받아들일 때 하나님 집의 첫 표지가 우리들 사이에 존재한다는 것을 안다.

집으로 다시 돌아오기. 흑인 여성들의 앙상블인 스위트 하니 록(Sweet Honey in the Rock)은 "우리 모두는, 우리 한 사람, 한 사람 모두 집에 다시 돌아가야 한다네"22)로 시작하는 노래를 부른다. 나는 집이라는 은유에 대해 이미 많은 생각을 해왔기 때문에 물론 이 노래는 나의 관심을 끌었다. 이 노래는 토머스 울프(Thomas Wolfe)의 '그대는 결코 집으로 갈 수 없다'는 친숙한 가사조차 언급하지 않은 넬리 모딘의 책『어행이 가정이다』의 은유를 반박하는 것처럼 보인다.23) 우리가 떠난 집이 여전히 옛 가부장적 관계의 일부라면, '다시는 집에 돌아갈 수 없다'는 것은 무엇보다도 분명한 사실이다. 그 노래가 말하는 집으로 가는 것은 "그리고 노예가 되기 전에, 나의 무덤에 묻히리 그리고 주님께 돌아가

에 행한 연설을 다음의 책에서 인용했다. "Somewhere Over the Rainbow" by Sheila D. Collins, in *Churches in Struggle*, ed. by William K. Tabb, 315.
22) Bernice Johnson Reagon, Song Talk Publishing Co., *Sweet Honey in the Rock: "We All… Every One of Us"* (Chicago: Flying Fish Records, 1983).
23) Morton, *The Journey Is Home*, xviii-xix.

자유케 되리"라는 가사로 끝나는 영가 "오 자유여!"와 유사한 방식으로 하나님의 집을 의미한다고 생각한다.

스위트 하니 록의 여성들이 부르는 노래에 귀를 기울일 때 나는 다른 주제에 대해서도 듣게 되었다. 그들은 "밑바닥에서 태어나 밑바닥에서 살고 밑바닥에서 성장한 사람들, 그리고 다시는 밑바닥으로 가지 않겠다고 선포하는 사람들을 노래하고 있었다. 그리고 나는 그들이 자유의 집의 토대를 노래하고 있는 것처럼 들리기도 했다. 단지 밑바닥의 집으로 돌아가 세상에서 시달린 모든 사람들과 함께 하는 집을 세움으로만 우리는 하나님의 사람들이 자유할 수 있는 전혀 다른 스타일의, 전혀 다른 유형의, 그리고 전혀 다른 규모의 집들을 창조할 수 있다.

훌륭한 살림살이에 대한 단서들. 가장 밑바닥에서부터 시작하는 것은 제1장에서 설명한 우리 삶에 작용하는 권위의 다양한 방법들을 재해석할 때, 훌륭한 살림살이에 대한 단서를 제공한다. 우리는 이미 패러다임을 변화시키는 사람들이 페미니스트 신학자들이 아니라는 것을 살펴보았다. 출애굽과 부활로 해방하시는 하나님의 행위를 통해 패러다임은 이미 오래 전에 바뀌었다. 하지만 종이신 주님을 따르며 사람들과의 연대 속에서 고난 받으시는 하나님을 따르는 그와 같은 새로운 실재는 하나님의 세계의 집에 고난당하는 사람들의 이야기와 그리스도의 이야기를 공유하지 않은 채 하나님을 위계체제의 맨 꼭대기에 고착시키는 피라미드로 항상 되돌아가곤 한다.

전통적 지식에 갇힌 사람들에게 오는 권위 역시 지배의 옛집에 묶여 있다. 만일 그 패러다임이 변한다면, 지식을 통한 권위 역시 세상에 이름을 붙이고 변화시키는 일에 참여하고 싶어하는 모든 사람들에게 다시 접근할 수 있을 것이다. 억압받은 사람들을 섬길 때 "주인의 도구들"을 이용함으로, 학문적인 연구와 사회 분석은 "보이지 않는 과거"를 재구성하는 일과 지배 구조에 어울리는 것과 어울리지 않는 것, 둘 다를 분석하는 일에 연루될 것이다. 지식의 권위는 새로운 자료뿐만 아니라 새로운 임무도 가지게 될 것이다. 소피아/그리스도의 말이 새로운 귀로 들릴 때, 우리는 모든 시대를 통하여 그들의 한가운데 계시는 하나님을 발견한 사람들로부터 자유의 집에 대해 배우게 될 것이다.

자신들의 문화적 지혜를 부인당하고, 무시당하며 빼앗긴 사람들은 밑바닥의 관점으로부터 그들이 여전히 하나님의 새 집의 비전으로 살아갈 수 있음을 알게 된다. 그 미래의 새 집에 대한 기억은 인간의 삶이 지배당하기 위해 창조되지 않았다고 선포한, 누가복음서 1장 46-55절의 마리아 찬가(Magnificat)와 같은 자료로부터 나온다. 미래에 대한 기억은 또한 독재에 저항한 과거에 대해, 그리고 이 세계를 다른 존재 방식으로 의도하는 집 관리자(Housekeeper)의 과거에 대해 거듭 들어온 자신들의 이야기로부터 나온다. 이런 기억과 이런 미래를 믿는 사람들이 하나님의 메시아적 정치를 노래하는 마리아의 찬가에 동참할 경우 현 체제에는 잘 적응하지 못할 것이다. 이런 관점에서 지혜의 권위는 투쟁의 경험에서 나온 권위, 곧 생생한 기억과 희망을 갖고 현 체제에 대항할 때 나오는 지혜가 된다.

사회 바닥층에 있는 사람들은 자신들의 위치를 세계의 사회, 경제, 정치 구조의 맨 밑에 고착시키는 것을 정당화시키는 기존의 형식인 구조적 권위에 여전히 대처해야 한다. 그러나 자유의 새 집의 토대는 이런 지배적 권력들과 하나님만을 경배해야 한다는 것을 거부하는 것이다. 따라서 예수는 자신의 능력을 보여주기 위해 성전 꼭대기에서 뛰어내리라는 유혹을 거부하고, 버림받은 사람들과 겸손하게 연대하는 방법을 선택하셨다(눅 4:9-13). 동일한 방법으로 예수를 따르는 사람들은 "정상

콤플렉스"(pinnacle complex)의 유혹을 거부하고 그들이 정상에 있기 위해서 피라미드를 뒤집지 말아야 한다는 것이 아니라, 좀 더 많은 사람들이 결정을 내리는 구조에 참여할 수 있도록 피라미드를 변혁시켜야 한다는 것을 발견하게 된다.

많은 사람들이 결정을 내리는 구조에 참여할 때, 새 집을 세우는 일을 가능케 하는 에너지의 급격한 증가가 종종 일어난다. 바로 이런 일이 바로 예수를 따르는 사람들에게 일어난 일이다. 가난하고 조직적이지 못한 그들은 서로 먹여주고 사역을 위해 새로운 은사들을 발견하는 데에서, 함께 나누는 삶이 가능하다는 것을 발견했다. 사람들 사이에 설교와 치유와 사역을 가능케 한 예수의 카리스마적 권위는 자신만의 것은 아니었다. 예를 들어, 오병이어의 이야기에서 예수께서는 무리를 먹이는데 제자들과 사람들을 함께 참여시키셨다는 것을 들었다(막 6:30-44). 자유의 집에서 하나님 영의 카리스마가 사람들 사이에 인식되며, 인도자들은 그들의 직무가 디아코노스(*diakonos*), 종으로서의 직무라는 것을 발견한다. 직무의 내용은 스스로 자발적으로 일하는 것이다. 카리스마는 다른 사람들을 지배하고 조종하는 것이 아니라 다른 사람들을 위해 힘을 부여하는 은사이다.

세족식의 목요일에 한 카리스마적 지도자가 스스로 자발적으로 하신 일이 무엇을 의미하는지를 우리는 어렵지 않게 기억할 수 있다. 그러나 여기서조차도 우리 회중들은 마리아가 종으로서의 그리고 집의 관리자로서의 예수의 역할을 위해 예수께 기름 부은 일과 예수께서 제자들의 발을 씻기심으로 섬김의 의미를 몸소 보여주신 요한의 강력한 이야기(요 12-13)를 배제함으로써 그 희생의 의미를 종종 간과해버린다. 동할렘에 있을 때, 우리는 가능하면 가정과 같은 분위기의 예식을 행하곤 했다. 포도주와 생선, 그리고 빵을 곁들인 요리로 저녁을 축하하며, 이

웃들을 모두 초대했다.(우리의 거리 친구들 중 몇몇은 포도주가 많은 탓에 항상 오곤 하였다.) 예식이 벌어지는 동안 목사들은 구두 닦는 사람이 되어, 구두 닦는 천으로 각 사람의 구두를 조심스럽게 닦아줌으로서 발을 씻어 주는 예식의 모습을 보여 주었다.

최근 예일 대학교 신학부에 적을 두고 있는 어떤 사람들은 피오렌자가 강력한 필치로 묘사한 마리아의 기름붓는 이야기를 "소외계층과 연대하는" 행위로서 인식하고 세족 목요일 이야기의 한 부분(막 14:9)으로 "그녀를 기억하며"를 기념하고 싶어했다.24) 예배에서 우리는 세족식의 발을 닦기 위해 수건을 사용했고 기름 붓는 상징으로 천 위에 향수를 뿌렸다. 이처럼 우리는 예수의 마지막 만찬을 여성들과 남성들이 함께 모여 제자도의 의미를 행하는 가정의 모습으로 기념했다: "제자들의 발을 씻기신 예수를 기억하며 그리고 예수를 메시아로 기름 부은 마리아를 기억하며." 하나님께 기름 부음을 받은 그분은 가난한 사람들 사이에 여전히 우리와 함께 하시며, 그를 기억하고 그녀를 기억하며 그리고 그들 모두를 기억하라는 초대는 여전히 실재한다.

에르네스토 카르데날(Ernesto Cardenal)이 니카라과의 농부들과 요한복음서 12장 8절에 대해 나눈 이야기를 『솔렌티나메 지방의 복음서』에서 말하길:

> 예수께서 자신은 사라지지만, 그를 대신해 가난한 사람들이 남았다고 말씀하십니다. 여인들이 예수와 함께 한 일은, 나중에 가난한 사람들과 함께 하게 될 것입니다. 왜냐하면 예수가 이제 더 이상 계시지 않으므로 우리는 가난한 사람들에게서 그 분의 현존을 볼 것이기 때문입니다.25)

---

24) Fiorenza, *In Memory of Her*, 153, xiii-xiv. Sharon H. Ringe, *Jesus, Liberation, and the Biblical Jubilee*, 63-71 참조.

이 현존은 미래의 위험한 기억이다. 그러나 이 기억은 하나님의 집을 훌륭하게 관리하는 일을 함께 하고 싶어하는 모든 사람들에게 임할 것이다.

---

25) *The Gospel in Art by the Peasants of Solentiname*, ed. by Philip and Sally Scharper (Orbis Books, 1984), 44.

역자후기

"진리를 알지니 진리가 너희를 자유케하리라."
 진리를 추구하는 것이 인간의 본성인가 아닌가를 논하는 것이 추상적 논쟁이라 한다면, 자유를 추구하는 인간의 갈망은 보다 구체적이고 실제적이라 하겠다. 그래서 매주일이면 어김없이 찾아 나서는 하나님의 집, 그러나 그 집은 우리 여성들에게는 진리와 자유의 집이 아닌 억압과 죄의식을 안겨주는 속박의 집이 되어져 왔음을 부인할 수 없다.
 왜 그럴까? 종교는, 그리고, 교회는 왜 이토록 여성들에게 (목회자이건, 평신도이건), 가난한 자에게, 사회 주변인들에게 차별적이며 억압적인가? 그럼에도 왜 여성들은 그 속박의 집에서 벗어나지 못하고 오늘도 또 그 집을 향해가고 있는가?
 자유와 진리에 대한 갈망에서 솟구쳐 오르는 이런 실존적인 질문에 레티 럿셀은 한마디로 답하기를, 이는 권위에 대한 잘못된 이해 때문이라고 말한다.
 예수께서 권위란 이런 것이라고 몸소 보여주시고 직접 실행해 보여주시며 가르쳐 주신 파트너십의 권위와는 전혀 다른, 지배의 권위가 하나님의 집에서 군림하기에 하나님의 성전은 진정한 진리와 자유의 집이 아닌 콘스탄티누스의 노예의 집이 되어버렸다고 레티 럿셀은 설파한다. 지배와 통제가 힘과 권위로서 인정되는 콘스탄티누스의 집에서는, 여성들은 희생하고 봉사하고 그러면서도 종속당하고 억압당하고 차별당할 수밖에 없다. 나눔과 사귐과 평등의 파트너십의 권위가 바로 예수께서 보여주신 권위이며, 우리 모든 그리스도인이 따르고 실행해야 할 권위이며, 반드시 이 땅에 이루어야할 권위의 모습이라고 레티 럿셀은 집이라는 은유를 통해 우리를 파트너십의 권위가 역동하고 있는 자유의 집으로 인도한다.

    레티 럿셀은 우리나라에도 여러 차례 방문한 적이 있는 우리에게는 친숙한 페미니스트 해방 신학자이다. 그녀는 자신의 오랜 목회 생활과, 예일 신학교에서의 가르침과 수많은 저술을 통해 여성의 해방을 위해 온 삶을 바쳤다고 말해도 과언이 아닐 것이다. 삶으로 하는 신학, 신학을 사는 레티의 삶을 반영하는 *Household of Freedom: Authority in Feminist Theology*을 번역할 수 있었던 것은 나에게는 은혜의 기회였으며 내 삶에는 도전의 기회이기도 했다. 권위에 대한 새로운 이해야말로 한국 교회를 교회되게 하는 핵심적 요소라고 믿는다. 권위, 힘에 대한 이해와 실천이 바뀌지 않는 한 한국교회는 예수를 배반한 교회, 아니 예수와는 전혀 상관없는 교회가 될 것이기 때문이다.

    마지막 교정을 꼼꼼하게 보아주시고 지적해 주신 김영명 박사께 진심으로 감사를 드린다.

참고문헌

Arendt, Hannah, *Between Past and Future*. New York: Viking Press, 1968.

Christ, Carol P., and Judith Plaskow, eds. *Womanspirit Rising: A Feminist Reader in Religion*. New York: Harper & Row, 1979.

Elliott, John H. *A Home for the Homeless*. Philadelphia: Fortress Press, 1981.

Evans, Mari, ed. *Black Women Writers, 1950-1980: A Critical Evaluation*. Garden City, N.Y.: Doubleday & Co., Anchor Books, 1984.

Fiorenza, Elisabeth Schüssler. *Bread Not Stone: The Challenge of Feminist Biblical Interpretation*. Boston: Beacon Press, 1984.

_____. *In Memory of Her: A Feminist Theological Reconstruction of Christian Origins*. New York: Crossroad Publishing Co., 1983.

Gutiérrez, Gustavo. *The Power of the Poor in History*. Maryknoll, N.Y.: Orbis Books, 1983.

Harrison, Beverly Wildung. *Our Right to Choose: Toward a New Ethic of Abortion*. Boston: Beacon Press, 1983.

Janeway, Elizabeth. *Powers of the Weak*. New York: William Morrow & Co., Quill Paperbacks, 1981.

McFague, Sallie. *Metaphorical Theology*. Philadelphia: Fortress Press, 1982.

Miles, Margaret R. *Images as Insight: Visual Understanding in Western Christianity and Secular Culture*. Boston: Beacon Press, 1985.

Minjung Theology: People as the Subjects of History. Ed. by the Commission on Theological Concerns of the Christian Conference of Asia. Maryknoll, N.Y.: Orbis Books, 1983.

Moltmann-Wendel, Elisabeth, and Jürgen Moltmann. *Humanity in God.* New York: Pilgrim Press, 1983.

Morton, Nelle. *The Journey Is Home.* Boston: Beacon Press, 1985.

The Mud Flower Collective. *God's Fierce Whimsy: Christian Feminism and Theological Education.* New York: Pilgrim Press, 1985.

Ringe, Sharon H. *Jesus, Liberation, and the Biblical Jubilee: Image for Ethics and Christology.* Philadelphia: Fortress Press, 1985.

Ruether, Rosemary Radford. *Sexism and God-Talk: Toward a Feminist Theology.* Boston: Beacon Press, 1983.

———. *Womanguides: Readings Toward a Feminist Theology.* Boston: Beacon Press, 1985.

Russell, Letty M. *The Future of Partnership.* Philadelphia: Westminster Press, 1979.

———. *Growth in Partnership.* Philadelphia: Westminster Press, 1981.

———, ed. *Feminist Interpretation of the Bible.* Philadelphia: Westminster Press, 1985.

———. *The Liberating Word: A Guide to Nonsexist Interpretation of the Bible*, Philadelphia: Westminster Press, 1976.

Sennett, Richard. *Authority.* New York: Vintage Books, 1981.

Trible, Phyllis. *God and the Rhetoric of Sexuality.* Philadelphia: Fortress Press, 1978.

Walker, Alice. *The Color Purple.* New York: Harcourt Brace Jovanovich, 1982.

Weidman, Judith L. *Christian Feminism: Visions of a New Humanity.* New York: Harper & Row, 1984.

Wink, Walter. *Naming the Powers: The Language of Power in the New Testament.* Philadelphia: Fortress Press, 1984.